丛书主编

王大明　刘　兵　李　斌

编委会成员

（按姓氏音序排列）

陈印政　柯遵科　李　斌

李思琪　刘　兵　曲德腾

孙丽伟　王大明　吴培熠

杨可鑫　杨　枭　张前进

筚路蓝缕启山林

中华科技英才 II

杨可鑫 李 斌 编

图书在版编目(CIP)数据

筚路蓝缕启山林：中华科技英才. Ⅱ/杨可鑫,李斌编. — 郑州：大象出版社,2021.6(2025.9重印)
(中外科学家传记丛书/王大明,刘兵,李斌主编)
ISBN 978-7-5711-0873-1

Ⅰ.①筚… Ⅱ.①杨…②李… Ⅲ.①科学家-列传-中国-现代 Ⅳ.①K826.1

中国版本图书馆 CIP 数据核字(2020)第 248749 号

中外科学家传记丛书

筚路蓝缕启山林　中华科技英才 Ⅱ
BILU-LANLÜ QI SHANLIN　ZHONGHUA KEJI YINGCAI Ⅱ

杨可鑫　李　斌　编

出 版 人	汪林中
项目策划	刘　兵　李光洁
项目统筹	成　艳　陶　慧　王曼青
责任编辑	陶　慧　魏蕴恬
责任校对	万冬辉
装帧设计	王莉娟

出版发行	大象出版社(郑州市郑东新区祥盛街 27 号　邮政编码 450016)
	发行科　0371-63863551　总编室　0371-65597936
网　　址	www.daxiang.cn
印　　刷	河南瑞之光印刷股份有限公司
经　　销	各地新华书店经销
开　　本	890 mm×1240 mm　1/32
印　　张	5.75
字　　数	121 千字
版　　次	2021 年 6 月第 1 版　2025 年 9 月第 3 次印刷
定　　价	21.00 元

若发现印、装质量问题,影响阅读,请与承印厂联系调换。
印厂地址　武陟县产业集聚区东区(詹店镇)泰安路与昌平路交叉口
邮政编码　454950　　　　电话　0371-63956290

总 序

马克思和恩格斯合写于19世纪40年代的《共产党宣言》中，曾有这样一段生动的描述："自然力的征服，机器的采用，化学在工业和农业中的应用，轮船的行驶，铁路的通行，电报的使用，整个整个大陆的开垦，河川的通航，仿佛用法术从地下呼唤出来的大量人口——过去哪一个世纪料想到在社会劳动里蕴藏有这样的生产力呢？"马克思和恩格斯说的那一切，还不过是19世纪的景况。到了21世纪的今天，随着核能、电子、生物、信息、人工智能等各种前人闻所未闻的科学技术的飞速发展，人类社会面貌进一步发生了翻天覆地的甚至马克思那个年代都无法想象的巨变。造成所有这一切改变的最根本原因，毫无疑问，就是科学技术。而几百年来，推动科学技术发展的直接力量，就是一大批科学家和技术专家。

中国是这几百年来世界科学技术革命和现代化的后知后觉者，从16世纪末期最初接触近代自然科学又浅尝辄止，到19世纪中期晚清时代坚船利炮威胁下的西学东渐，再到20世纪初期对"德先生"和"赛先生"的热切呼唤，经过几百年的尝试，特别是近几十年的努力，已逐渐赶上世界发展的潮流，甚至最近还有后来者居上的势头。例如，中国目前不但在经济总量上居于世界第二的地位，而且在科学研究的多个前沿领域也已经名列国际前茅；有些方面，比如科学论文的数量，仅次于美国而居世界第二；最可贵的是，中国已经形成了一支人数众多、质量上乘的科研队伍。

利用科学技术来推动社会经济的发展，中国已经尝到了巨大甜头，科学技术是第一生产力的观点深入人心。从政府到民间，大家普遍关心如何进一步落实科教兴国战略、推动创新促进发展，使中国在科技创新方面更具竞争优势，培养和造就出更多的科技创新人才，使中国在现代化道路上能走得更长远、更健康。

为实现上述目标，一方面需要提高专业科学研究队伍的水平，发扬理性思考、刻苦钻研、求真求实、勇于创新的科学精神；另一方面也需要增强和培育整个社会的公众科学素养，造就学科学、爱科学，支持创新、尊重人才的文化氛围。这套"中外科学家传记丛书"的编辑和出版，就是出于这样的考虑。

通过阅读和学习科学家传记，一是可以更深刻地理解科学家们特别是那些在重大历史转折关头做出了伟大贡献的科学家的科学思想和创新方法，二是可以更鲜活地了解到科学家们的科学精神和品格作风，三是可以从科学家们的各种成长经历中得到启发。

本丛书所收录的200多位中外著名科学家（个别其他学者）的传记，全部都来自中国科学院1979年创刊的《自然辩证法通讯》杂志。该杂志从创刊伊始就设立了一个科学家人物评传的固定栏目，迄今已逾四十年，先后刊登了200多篇古今中外科学家的传记，其中包括文艺复兴时期的欧洲科学家、远渡重洋将最初的西方近代科学知识带到中国的欧洲传教士，当然大部分都是现代科学家，例如数学领域的希尔伯特、哈代、陈省身、吴文俊等，物理学领域的玻尔、普朗克、薛定谔、海森伯、钱三强、束星北、王淦昌等，以及天文学、地学、生物学、计算机科学和若干工程领域的科学家。值得指出的是，这些传记文章的作者，大都是在相关领域学有专长的专家学者。例如：写过多篇数学家传记的胡作玄先生，是中国科学院原系统科学研究所的研究员；写过多篇物理学家传记的戈革先生，是中国石油大学的物理学教授；此外还有北京大学、清华大学、上海交通大学、中国科技大学等多所国内著名大学的教授，以及中国科学院、中国医学科学院和中国科技协会等研究机构的专家。所以，这些传记文章从专业和普及两个角度看，其数量之多、涉及领域之广、内容质量之上乘、可读性之强，在国内的中外科学家群体传记中都可以说是无出其右者。

考虑到读者对象的广泛性，本丛书对原刊物传记文章进行了重新整理编辑，主要集中在如下几个方面：一是在总体设计上，丛书共分30册，每册收录8个人物传记；二是基本按照学科领域来划分各个分册；三是每分册中的人物大致参考历史顺序或学术地位来编排；四是为照顾阅读的连续性，将原刊物文章中的所有参考资料一律转移到每分册的最后，并增加人名对照表。

当前，中国正处在从制造大国向创造大国转变、急需更多科技创新和科技人才的重要历史时刻，希望本丛书的出版对于实现这个伟大目标有所裨益，也希望对广大青少年和其他读者的学习生活有所帮助。

目 录

001
陈建功　中国现代数学的先驱

023
陈省身　当代世界大几何学家

051
周炜良　一位极富创见且涉猎广泛的数学家

063
吴文俊　从拓扑学到数学机械化的数学界泰斗

087
谈家桢　充满智者魅力的遗传学界楷模

113
张香桐　严谨求实的神经生理学家

131
鲍文奎　为绿色目标百折不挠的作物遗传育种学家

149
许天禄　中国医学美学教育的先行者

163
参考资料

168
人名对照表

陈建功
中国现代数学的先驱

陈建功

(1893—1971)

"数学的研究是人类性灵的一种神圣的疯癫，是对咄咄逼人的世事的一种逃避。"A. N. 怀特海的这句名言用来说明整个数学的起源、发展和性质或许是错误的，但若是用来刻画数学家个人的志趣、性情，则庶几近之。《陈建功文集》的作者就是一位数学家。他的全部作品都属于数学研究和数学教育的领域，于数学之外的事情未尝著一字。文集的附录胪列了作者一生全部著述的题目，计论文69篇，专著7册，译作3本；文集本身则收载了作者各个时期具有代表性的论文凡27篇；书不厚，仅400页。即使条件允许编辑者按其本来意图出一部全集，也还够不上"著述等身"。然而须知，这是纯粹数学，这是开拓者在一无所有的荒原上艰难竭蹶、独立耕耘所收获的成果。凡是亲尝过钻研数学的个中甘苦的人，凡是了解一点中国现代数学从无到有的草创历史的人，都能明白这是一份多么宝贵的精神遗产。

是的，陈建功教授没有留下等身的著述，但他写的文字像他的为人一样，全无虚情，毫不矫饰。他热爱数学事业的一团神圣心火一直燃烧到生命的终点。

一、从小立定钻研数学的志向

1893年9月，陈建功出生在"傍水无家无好竹，卷帘是处是青山"的浙东绍兴。这位未来的数学家是父亲陈心斋与母亲鲁氏的长子,也是父母唯一的儿子,他有6个妹妹。陈心斋在绍兴城里一家官办的慈善机构里任小职员,他秉性正直,廉洁奉公,靠着菲薄的薪水供养家口,生计很是艰难。

绍兴在南宋以前称越州,是一个具有伟大爱国传统的历史名城。越王勾践在这里卧薪尝胆,十年生聚,终于报了亡国之恨,传为千古美谈;南宋诗人陆游在这里谱下了震古烁今的爱国绝唱,"僵卧孤村不自哀,尚思为国戍轮台";鉴湖女侠秋瑾在这里为驱除鞑虏、推翻帝制洒尽了一腔热血,"一腔热血勤珍重,洒去犹能化碧涛"。故乡的明山丽水,先贤的风流遗范,滋润着陈建功幼小的心灵;国家积弱、政府腐败、列强专横,又激起他强烈的民族意识和雄壮的报国志向。

陈建功从小聪敏,记忆力过人。父亲因苦于无力延师,曾把4岁的陈建功送到一家请了私塾先生的有钱人家做"伴读"。很快,"伴读"就超过了"主读"。他小学是在明末大儒刘蕺山讲过学的蕺山书院里读的,毕业以后,进入绍兴府学堂,相当于现在的初中,当时鲁迅先生正在那里执教。辛亥革命的前一年,陈建功考进杭州高级师范学校。3年里,他迷上了数学,形成了终身从事数学事业的志趣。陈建功是一个具有典型中国性格、中国气质的青年学子,偏偏选择数学作为终身事业,这在他那个时代是绝无仅有的。"唯有读书高"的中国传统社会,并不推崇读数学书,立身致仕的不二法门是读经、业儒、做八股文,虽然那时西学东渐潮流渐盛,"中体西用"的口号也已听了很久,但那是指能够在富国强兵上立竿见影的军械、制船一类的西学,高度抽象的纯粹数学并不在其选。那一时代的人中,因家学渊源走上学者道路的,多是治的国学,或者读工程、医学、矿业、地质等"有用"之学。陈建功能够在伦理、性情、趣味、人格诸方面顽强保持中国传统的同时,从思想上冲破几千年中国旧学的藩篱,毅然走上研究纯粹数学的道路,这与他并非出身于书香门第或者不无关系,再者,确也是他个人的难能可贵之处。

要学数学,只有出国。杭州高级师范学校毕业后,陈建功决定报考官费留学生。但是,在生活的重担下气喘吁吁的父亲希望儿子回乡教书,帮助自己养家糊口。陈建功此时已经成熟了,为父亲分忧解愁,他责无旁贷,但钻研数学的人生道路既已择定,也决不动摇。他并未采取"数学,亦我所欲也;家庭,亦我所欲也。两者不可得兼,取数学而舍家庭也"那样的"英雄"姿态,他的想法现实得多。他给父亲算了一笔账:回乡当小学教师,薪金低廉,家庭经济仍将长期拮据;读官费留学生,则在学期间,他就能以少数助学金补贴家用,学成以后,收入可望有较大增加,不几年,妹妹们就不仅能吃饱饭,也能有机会读书识字了。陈心斋对儿子的打算心悦诚服,凑足盘缠,亲自将儿子送到上海。登轮旗猎猎,送目水悠悠,父子俩挥泪告别。陈建功求学时代曾三次东渡,这是第一次。

二、东瀛苦读,打下扎实的基础

1913年,陈建功来到人地生疏的日本,开始了攻苦食淡的留学生活。当时中国政府派出的官费留学生中并无理科名额,为了取得官费待遇，他报考了工科，被东京高等工业学校录取，学染色专业。

可是，数学怎么办呢？陈建功自有办法：他同时又去考一所夜校——东京物理学校，那里可以学到新的数学和物理知识。同时就读于两所学校，同时学习两个几乎完全不相干的专业，为了高效利用时间，他常常边啃糯米团子充饥，边看书思考。不仅如此，他还要把生活花费降到最低限度，省下钱来汇给父亲，补贴家用。紧张急迫的生活节奏，菲薄艰苦的物质条件，反而成了陈建功学业上突飞猛进的助力。可以一般地解释这个事实，说陈建功有坚韧的意志力，说他有强健的体魄，等等，但是，对于一个数学家来说，也许只有志趣，只有那种发自心灵深处的对数学的热爱，才能解释他的如癫如狂的忘我追求。爱因斯坦创立相对论时，还只是专利局的一名小职员，他利用晚上和休息日的时间从事与他的职业毫无关系的科学研究，竟引发物理学史上一场伟大的革命。爱因斯坦并不抱怨他的职业，反而认为这种安排时间的方式使他可以在完全没有外来压力的心态下，充分自由地进行思考，有助于产出真实的成果。后来他甚至经常向别人推荐这样的安排。陈建功当然没有机会听到爱因斯坦的这种推荐，但他倒是不折不扣地实践了这种方式，这大概是科学家性格中的一种共性吧。

1919 年，陈建功先后从两所学校毕业，旋即回国，在浙江甲种工业学校教染织课程，同时继续钻研数学，并指导一个数学兴趣小组。他感到，在数学方面他还需要进一步深造。1920 年，他第二次东渡日本，考进设在仙台的东北帝国大学数学系。

1921年,他在《东北数学杂志》第20卷上发表了第一篇论文——《关于无穷乘积的某些定理》,这也是后来编辑的《陈建功文集》的开卷第一篇。

高等数学是研究无限的数学。有穷多个数相加或相乘,这好办,总归有一个确定的结果可得出来。但若是无穷多个数相加或相乘,情况就复杂了,有时候能得出一个确定的有限结果,有时候结果为无限大,有时候则根本没有结果。第一种情况我们称为"收敛",后面两种情况可称为"发散"。研究在什么条件下无穷级数或无穷乘积为收敛,是数学分析的一个重要课题。19世纪的德国数学家魏尔斯特拉斯曾得到过一个判别无穷乘积收敛性的著名定理。陈建功的这篇论文,则把魏尔斯特拉斯的工作推广了,得到两个更普遍的定理,并把魏尔斯特拉斯定理作为一个特例包括进去。苏步青教授称道这篇论文:"无论在时间上或在内容上,都标志了中国现代数学的兴起。"

陈建功以优异的成绩从东北帝国大学毕业,回国后在浙江公立工业专门学校教数学,不久又被国立武昌大学数学系聘为教授。为了讲授实变函数论这门课,他自己着手编写讲义。新中国成立前,陈建功的数学论文只能用英文撰写发表在国外刊物上。但他一向主张,中国人的学校应该用中文讲课,使用中文教材。在当时几乎完全没有中文现代数学文献的情况下,他首先需要系统地制定中文数学名词,为此他真是煞费苦心。陈建功编著的中文讲义,后来屡经增删修改,以《实函数论》为书名公开发行以后,长期成为国内各大学数学系讲授这门课程必备的教材或参考书。1978年,为适应各方面需要又重印一次，印数由原来的 4000 册增至近万册。

三、斐然成家，在三角级数论等领域创获一流成果

陈建功立志要挺进数学研究的前沿阵地去。1926 年，他第三次东渡日本，再度进入东北帝国大学数学系。这次他在藤原松三郎教授的指导下，从事三角级数论的研究。

三角级数虽是属于纯粹数学的理论课题，却有着非常实际的背景和来源。早在 18 世纪，天文学中就用了三角级数，这显然是由于三角级数的每一项都是周期函数，而天文现象也是周期性的。但后来发现，力学中横弦振动的微分方程的解既可以用解析式表示，也可以用三角级数表示。这使人们感到奇怪：没有周期性的函数怎么能表示成周期性的三角级数呢？一百多年后，傅立叶研究热传导时也碰到同样问题。他大胆提出：定义在长度为 2π 的区间上任意函数都能展开成形如 $\frac{a_0}{2}+\sum_{n=1}^{\infty}(a_n\cos nx+b_n\sin nx)$ 的级数形式。为了纪念傅立叶的功绩，数学上又把三角级数叫作傅立叶级数。后来从三角级数论发展出来的傅立叶积分理论在现代量子物理学中也有重要应用，例如，它提供了求解克莱因−戈登波动方程的步骤。

数学问题一经从实际中抽象出来，就具有自己独特的理论色彩。尽管一开始人们放肆地把所有类型的函数都表示成三角级数，但事实上，并非所有的三角级数都收敛；即使收敛，也不一定收敛于由它展开的那个函数。因此，搞清楚函数与由它导出的三角级数之间的关系，就成了三角级数论的主题。这是一个大题目，它又被

分割成许许多多的小题目。

陈建功考虑了怎样刻画绝对收敛的傅立叶级数的特征这一问题，这是一个当时世界上许多出名的数学家都热衷研究的问题。陈建功把绝对收敛的傅立叶级数与函数的卷积联系起来考虑，发现了两者之间的等价关系。

所谓两个函数 $f_1(x)$ 与 $f_2(x)$ 的"卷积"，就是指形如 $\int_a^b f_1(t)f_2(t+x)\mathrm{d}t$ 的函数。它不是普通的乘积，但也满足通常乘积的交换律、结合律、分配律等，所以不妨看作一种特殊形式的"积"，卷积之名即由此而来。陈建功 1928 年发表于《日本帝国科学院院刊》上的论文《论带有绝对收敛的傅立叶级数的函数类》给出了一个深刻的、优美的结果：$f(x)$ 的傅立叶级数处处绝对收敛的充分必要条件为 $f(x)$ 是两个平方可积函数 $f_1(x)$ 与 $f_2(x)$ 的卷积。同年，英国函数论权威专家哈代与利特尔伍德得到了同样的结果。

三角级数是正交函数级数的一种。陈建功在正交函数级数的研究中也获得了出色成绩。"正交"即垂直。很容易想象一个空间直角坐标系，每两条坐标轴都是垂直的。数学上把三维的现实空间加以推广，形成多维甚至无穷维空间的概念。无穷维空间要有无穷多个坐标轴，一列函数 $\varphi_1(x)$，$\varphi_2(x)$，$\cdots$，$\varphi_n(x)$，$\cdots$，就充当了这个作用。每两条坐标轴"互相垂直"，这个几何的形象说法，现在用来表示函数之间的一种运算关系，它施行于上列中每两个不同的函数，结果都得到零。于是，把某个函数按正交函数级数（例如三角级数）展开，就变成了求函数空间中某个"点"在各条"轴"上的坐标。一个富有吸引力的问题是：坐标应具有怎样的限制，也就是系数 a_n 应满足什么条件，级数 $\sum_{n=1}^{\infty} a_n \varphi_n(x)$ 收敛。伟大的德国数学家希尔伯特的最杰出的弟子外尔在 1909 年对这一问题得到过一个远非最佳的结果。20 世纪 20 年代，缅绍夫等人把外尔的工作大大推进一步，得到两个非常强的定理，但是这两个定理相互间的联系并不清楚。陈建功就在这里下功夫，他在两个定理之间架起了桥梁，通过自己提出的另一条定理，证明了它们是彼此等价的。这一工作记录在两篇题目都叫作《论正交函数级数》但内容不尽相同的论文中，分别发表于 1928 年的《日本帝国科学院院刊》与《东北数学杂志》上。

陈建功还研究了拉普拉斯级数的求和问题，改进了日本数学家窪田忠彦的一个结果。他是在任意有限维空间上证明自己定理的，结论很强，有关论文也发表于多产的 1928 年。德国数学家科施米德尔由于没有读到，又在 1929 年的《数学年刊》上重复做了同一工作，但其结果比陈建功的弱得多，只在四维空间中成立。此外，陈建功还修正了正交函数级数论中有名的齐格蒙德定理的一个错误，指出它缺少条件。

陈建功在两年半研究生期间，进展神速，硕果累累。从 1927 年到 1929 年，他在 4 家日本数学刊物上总共发表论文 14 篇。他的成果，在当时的三角级数论领域里，是属于一流水平的。

取得日本理学博士学位，这对陈建功来说，是瓜熟蒂落，水到渠成，乃题中应有之义。但这件事在日本着实轰动一时。各大报纸纷纷报道，日本学者还专门举行集会，庆祝陈建功的成就。陈建功是第一个在日本获得博士学位的中国人。在现代数学这个还很少有中国人涉足的领域里，陈建功为可爱的祖国争得了荣誉。

藤原教授看到学生的成长欣慰而自豪。他认为，以陈建功的数学造诣和对三角级数论做出的卓越贡献，有足够的资格来写一部综合这一课题的专著。藤原教授把这一任务交给了学生，要求他用日文写一部《三角级数论》。日本是一个向西方学习学得很成功的东方古国，但毕竟是学来，当时它也像中国一样，没有一套完整的本民族语言的数学名词。数学刊物上的文章，全用英语写，讲课、编书也都用英语。陈建功这一次又担负起首创日文数学术语的重任，他工作得那样好，直到今天，许多日文数学名词，仍沿用着他的创造。陈建功只花几个月的时间就写完了这部书。这大概是世界上最早的一部三角级数论详备的专著。新中国成立后，陈建功把它翻译成中文，作了许多修改和补充，篇幅更大了，分成上下两册，上册是1964年出版的。遗憾的是，出版的下册他未能看到，下册第一版发行于1979年，距陈建功逝世已经整整8年。

陈建功把手稿交到导师藤原先生的手中。他已经学成，可以选择前途了。藤原教授当然希望他留在日本，这对陈建功本人也确实是一条坦途。但是陈建功感到自己没有什么可选择的，"灵台无计逃神矢"，他是一个炎黄子孙，他的亲人在中国，他的事业在中国，他的灵魂在中国。他坚辞了老师的执意挽留，匆忙摒挡行装，登上了返回祖国的航程。翌年，当《三角级数论》在日本著名的岩波书店出版时，陈建功已经是浙江大学数学系的教授了。

四、独特而有效的数学教学方法

中国古代曾经为数学史贡献了商高定理、刘徽割圆术、祖冲之圆周率、剩余定理、杨辉三角、天元方程术等举世瞩目的成就。遗憾的是，由于种种值得历史学家深入研究的原因，中国古算学缺乏那些足以发展成为现代数学的精神因素，所以像欧几里得几何那样具有严密逻辑结构的理论系统（所有的现代数学都有这种特征）始终没有出现过。在传统中国，数学是受到轻视的，被视为"九九贱技"。创立中国现代数学事业的重任就这样压在陈建功等少数几个人身上。

陈建功回国不久，就同时收到北京大学、武汉大学、浙江大学3所学校的聘书，3所学校都请他担任数学教授。他决定赴浙江大学任教，那儿离他的家乡最近。当时中国的数学界还是一片荒芜，没有一本刊物，没有一个学会，浙江大学数学系一共只有5个学生，还分成两个年级。就在这不毛之地上，陈建功开始了辛勤耕耘。他早已想好，为国家多多培养现代数学人才是他的当务之急。为此，他愿意献出所有的时间与精力，即使个人因此少出研究成果，也在所不惜。

陈建功搞数学教学，有一套独特的、行之有效的方法。方法服务于目的，目的是要把学生培养成能出实际成果的数学研究人才，所以一切皆着眼于此。他编写教材，总是立意高远，取材艰深，要求学生非作艰苦的独立思考不能读懂。陈建功是不允许学生提问题的。他给了你一本书，又给你讲了课，这就指明道路了，你自己去走吧，碰到障碍，你得自己去克服，去跨越。不懂呢？不懂是岂有此理，所以不懂也不准问，因为压根儿就不该不懂。你若不知好歹，居然发问，那就必定会遭到他一顿正颜厉色的申斥。这似乎有点儿不近人情，但是须知，这是在培养学生的研究能力，要求学生像搞研究一样地读书，是培养研究能力的必由之途。书上的知识都是人家已经研究清楚，叙述明白了的；而且这是数学书，数学命题及其推导，要么对，要么错，绝不会出现众说纷纭、莫衷一是的情况。数学定理一旦得到证明，客观上就有一条从已知条件导向结论的逻辑通道，这条通道对任何人都是敞开的，不应该有"想不通"这样的情况。数学定理是最合理的，因此也不应该有"不理解"这种情况。从某种意义上可以说，数学家的思维并不属于他个人，而是属于全人类，数学家是代表着全人类在思维。如果你连已经建立的通道都走不过去，将来又怎么凭自己的能力去探索钻透一条未知的通道呢？如果书读不懂可以问人、可以借别人的大脑而求得其懂，那么将来研究一个未决问题碰到困难时，又向谁去借一个大脑呢？陈建功"不近人情"的教书法，恰恰是让学生通过读书既获得已有的知识，又获得研究工作的实地训练。这对于我们今日的大学里教学与研究严重脱节的弊病，不啻是一服对症的良药。

律学生严，律己更严。陈建功教授讲课，从来不带书本，不带讲义，不带纸张，他只请值班学生替他准备几支粉笔。所要讲的公式、定理、理论，都当场在黑板上演算、推导、建立起来。这样做，即是在重现科学研究的过程，不仅教会学生理解讲课的内容，更让学生体会到别人当初是怎样得到这些知识内容的，从而领略从事创造性研究的境界，增强自信心。顽强的进攻意识是优秀运动员的重要素质，科学家同样需要有向未知问题勇敢进击的精神。陈建功的授课方式，与那些著名的体育教练颇有几分相像。然而，要能这样讲课，备课时就得多下不知几倍的功夫。当堂演算是要担风险的，即使最老练的数学家也难免在细节上误入歧途或小有疏漏，以致整个进程受阻，有时还需要旁观而清的听众点拨一下，帮着排解纷扰。能不能这样做，敢不敢这样做，不仅是对一个教师能力的测度，更是对他人格、胸怀、精神境界的检验。

陈建功在浙江大学执教近两年时，听到苏步青在东京获得日本理学博士学位这个又一次轰动日本科学界的消息，非常振奋。他立刻请求校长邵斐之下聘书，请苏步青来校担任数学教授。陈建功是一个性格内向、不谙世务，实在不愿意也不善于搞行政工作的人，他情恳意切地征得校长同意，辞去了系主任职务，请苏步青来担任。

这时候，浙江大学数学系的阵容已稍稍壮大，两位数学家通力合作，通过在国内首创数学讨论班这一独具风格的形式，培养出一批又一批数学人才。

数学讨论班当时称作"数学研究"，由高年级学生与青年教师参加。"数学研究"分甲、乙两种类型：乙型读最新的专著，系统掌握一门新理论；甲型读最新刊物上的论文，直接进入数学研究的前沿阵地。无论甲型还是乙型，参加者每人都要上台讲演，两位教授则在台下提问。从基本概念到作者思路都要问及，想蒙混过关是办不到的。如果招架不住，那就得重新准备、重新来过。"数学研究"不能通过者，教师不得提升，学生不得毕业，压力是够大的。"数学研究"像一座高温熔炉，经其冶炼，铁就成了好钢。一旦从"数学研究"过关，人人都觉得自己的能力一下子提高了许多。中华人民共和国成立后，随着陈建功、苏步青两位教授调到复旦大学，他们开创的这一传统得到进一步的推广和发展。

陈建功的教学任务十分繁重，常常同时开三门课，外带一个讨论班，这在现今一般大学教师看来，简直是超负荷的工作量，他却负重若轻，从容应对。他从来不说"时间不够"，也不喜欢听别人这样说，从留学日本同时就读两所学校起，他就学会了挤时间和高效率地利用时间。他几乎没有什么娱乐活动，全身心地扑在数学事业上。

五、转向单叶函数论，又获出色成果

20世纪30年代，陈建功在进一步研究三角级数理论的同时，主要从事单叶函数论方面的工作。单叶函数论是复变函数论的一个重要方向。历史上，人们曾经把一个复数当作一对实数、一个复变函数当作一对两元实变函数看待。将复变数当作一个独立的实体领域来研究，从而发展出一门新的理论的创始者，是法国大数学家柯西。复函数理论自身的进步，反过来又对实函数论产生积极的影响，这印证了一句名言："实域中两个真理之间的最短路程是通过复域。"单叶函数就是一种具有特殊重要意义的复变函数，它是一个在其定义域上处处可导的函数，并且把自变数平面上的一个区域，一对一地映射到因变数平面上的一个区域。大量在整个平面上并非一一对应的复函数，在对平面作一个合理的分割后，能在每一个区域上成为一一对应。因此，弄清楚了函数在一个单叶性区域上的变化情况，也就弄清楚了函数在整个平面上的变化情况。研究单叶函数的意义即在此。单叶函数由于其特殊性质总能够展开为幂级数。经过标准化手续，就可以写作：

$$w = f(z) = z + a_2 z^2 + a_3 z^3 + \cdots + a_n z^n + \cdots$$

研究此展开式中系数 a_n 所满足的一般条件是单叶函数论的中心问题。1916 年，L. 比贝尔巴赫证明了不等式 $|a_2| \leq 2$ 成立，并且猜想 $|a_n| \leq n$ 对一切系数 a_n 成立。"比贝尔巴赫猜想"是一个非常有名的世界难题，吸引了无数复函数论专家的注意和努力，却长期得不到圆满解决。陈建功以及后来他的学生夏道行、龚升等人在这个问题上有过相当出色的工作，其成果一度占据世界领先的地位。

数学家攻克一个大难题，有一个普遍的做法，就是先分割困难，把大题目化成若干小题目，然后稳扎稳打，步步进逼，直至最后夺取胜利，像接力赛跑一样，每一棒都有不容忽视的意义。比贝尔巴赫猜想的解决，也是如此。人们很早已经知道，$|a_n| < en$ 是成立的。1933 年，利特尔伍德与帕莱证明了如果 $f(z)$ 为奇函数，即对任意 $zf(-z) = -f(z)$ 成立，则所有的 $|a_n|$ 有一个上界。陈建功工作后，就开始考虑，这上界是个什么数呢？他要给出一个尽可能准确的估计，不到一年，他得到了结果，证明了不等式 $|a_n| < e^2$ 对所有的 n 都成立，e^2 比 9 还小，这个结果极其漂亮，它创造的世界纪录保持了相当长的时间，后来的改进已是很微小了。

陈建功进而定义满足 $f(wz)=wf(z)$ 的函数为 k 型函数，其中 w 是 $x^k=1$ 的根。由于 k 取 2 时，$w=\pm 1$，陈建功把 $|a_n|<en$ 与奇函数下的 $|a_n|<e^2$ 统一表示式 $n^{\frac{k-2}{k}}|a_n|<Aa$，其中 A 是常数，进一步，陈建功证明这个不等式对 $k=3$ 也成立，并且算出 $\sqrt[3]{n}|a_n|<e^3$。这一工作大大推进并完善了利特尔伍德等人的研究。

关于一般单叶函数，直到 1979 年，最好的结果是："比贝尔巴赫猜想"对第六项系数成立，这项工作是属于陈建功的学生龚升的。

日本侵华战争打破了陈建功搞数学和科研的安全环境，风景秀美的西子湖边已经放不下一张平静的书桌。1937 年浙江大学西迁，师生相携，徒步跋涉五千里，历经浙江、江西、广西、贵州四省，最后在贵州的遵义与湄潭落脚，重新建校。陈建功将家眷送回老家绍兴，只身随校西迁。风餐露宿，陈建功照样教书，"数学研究"常常在防空洞里进行，正是"大隧之中，其乐也融融"，"大隧之外，其乐也泄泄"。1940 年，陈建功开始招研究生，后来担任北京大学数学研究所所长的程民德教授是他的头一个大弟子。翌年，浙江大学数学研究所在湄潭的一所祠堂里成立，他们点的是菜油灯，谈论的是最新的数学理论。

抗战胜利后，陈建功曾与罗宗洛教授等一起赴台湾接管台湾大学。第二年，他辞去台湾大学代理校长兼教务长的职务，仍返浙江大学当数学教授。

从 1942 年起，陈建功在美国的数学杂志上连续发表了十多篇论文。在三角级数研究方面，尤其是对平均可和性问题，获得了某些基本的进展，引起美国同行的重视。1947 年，他应邀前往美国普林斯顿研究所做访问学者，一年以后如期返回浙江大学。

六、老当益壮，科研与育才双丰收

中华人民共和国成立后，年近花甲的陈建功教授焕发了学术青春，他开始学习俄文。他精通英文和日文，德文、法文的根底也好，但他觉得还不够。他深知苏联数学的先进性，20 世纪 50 年代的苏联数学，是堪与美国并驾齐驱、互为伯仲的。要掌握数学发展的最新动态，不能不了解苏联文献。只用了半年时间，陈建功就能轻松地阅读俄文专业书刊了。他非常推崇苏联数学家格鲁金所著的《复变函数的几何理论》一书，后来还亲自把它翻译成中文。格鲁金才华横溢，却不幸于 1952 年患癌症过早逝世，年方 46 岁。格鲁金问医求药期间，陈建功曾竭力相助，可惜他寄出的药格鲁金并未收到。

后来蜚声国际数学界的夏道行教授，是陈建功于中华人民共和国成立后招的第一个研究生。陈建功大量招研究生，孜孜矻矻，诲人不倦，最多时竟同时担任三个年级十几名研究生的导师，有人对陈建功带那么多研究生不理解，还有微词："一个单叶函数论何必要那么多人。"陈建功回答说："我带这么多研究生，并不是为了让他们毕业后都搞单叶函数论。这一行是我的专长，别的我不拿手，但我可以通过指导他们搞这一行，把他们尽快地带进科学研究的领域，教会他们独立从事科研工作的方法。"不同领域、不同方向的科学研究，是存在着某些共同的方法和程序的，陈建功侧重的即这种方法论精神的训练。他把这一培养方法叫作"鸡孵鸭"。他说："国家现在需要扁嘴巴，我却是个尖嘴巴，但尖嘴也可以孵扁嘴嘛！"陈建功的唯一愿望是为国家多多输送人才，他并不想也从来没有把学生当作自己的私产或资本，总是教他们练硬了翅膀，就鼓励他们远走高飞。1956年，夏道行赴苏联进修，转行重点搞泛函分析，就出于陈建功的建议。龚升原是中国科学院数学所的研究实习员，在陈建功身边学了几年后，陈建功又让他回去转搞多复变函数论。欧阳鬯后来搞力学，也出于陈建功的推荐。实践证明，陈建功从一个方向着手，尽快把学生带进研究领域，然后根据各人才性，向多个方向深进的培养方法，是行之有效的。

1952年，全国高校院系调整，陈建功（与苏步青一起）调到复旦大学，任副校长。但他从本性上是不愿意做官的。他一贯主张数学家一定不能脱离数学，在副校长任上，他仍坚持一学期开两门课。1956年以后，他年纪大了，不再开大课，但仍坚持在讨论班上讲课，实在讲不动时，就讲一段，让别人接着讲。陈建功处处在行动上，而不是在架势上、言语上为人师表。

同时，陈建功也一贯强调大学教师一定要搞研究。数学教学必须反映数学研究的精神，而要做到这一点，必须搞教学的人兼搞科研。他常说："培养人比写论文意义更大。"其目的当然仍在于研究成果，他常常放弃写论文，把时间、精力贡献给教学，正是为了让晚生后学快快地出成果。"平生不解藏人善，到处逢人说项斯。"他那些聪颖、刻苦的学生每有一点成绩，他总是谆谆鼓励，多方推荐，毫无保留。他也经常把那些得意门生挂在嘴上向更多的学生介绍，鼓励大家的进取心。

1957年，反右运动中，文艺界有一场批判"一本书主义"的大闹剧，科技教育界"联系实际"、如法炮制，群起批判"一篇论文主义"。所谓"一篇论文主义"，根本就是虚构出来的风车式敌人，一时却引发了多少慷慨激昂的檄文。在"席卷"之势的运动到来时，谁也无法独善其身，陈建功不能不参加"批判"，他是这样批的："怎么可以搞一篇论文主义呢？论文应该是一篇接着一篇地写，直至写书。"这不啻是从"极右"来批判"右"了。

1958年，"教育革命"给他补贴了无数的大字报，罪行是"鼓吹理论脱离实际"，因为他一直主张重视数学的基础理论研究。陈建功决不改变自己的主张，理直气壮地驳斥蔑视数学基础理论研究的外行意见。在这种意见凭借政治形势甚嚣尘上的时候，他虽然无能为力，却决不妥协，而是执着地抗议、争辩。

各种各样的人，曾经用各种各样的语言表达过对数学理论重要性的看法。经过反反复复的批判运动，人们终于认识到这个重要性是批不倒的，这些话又被重新记起，并且成为新的时髦。例如，几乎谁都会说，"数学是科学的皇后"；又如，有人说，数学是人类思想史的主角，一部论述思想通史的著作倘若不深刻研究每一时代的主要数学观念，就好比《哈姆雷特》一剧中没有了丹麦王子。陈建功不会说诗人那种绮丽的词句，也不会像哲学家一样发表惊世骇俗的谠论，但他的说法最能为从事研究的数学工作者以及尝到过数学甜头的实际工作者所接受："老鹰飞得高，视野开阔，才能认准目标，准确有力地抓住小鸡。数学基础研究对应用的关系就好比老鹰捉小鸡。"他经常用一些著名数学家的例子说明："掌握了抽象的理论数学的学者投入实践方面时，往往比本来直接研究实用问题的人能得到更好的发展。""文化大革命"时期，陈建功被关进"牛棚"，他还在批判会上对否定函数论研究的人说："不能说函数论没有用，即使暂时用不上，二十年、五十年、一百年以后，总会有用的。"

陈建功言行一致，在大声疾呼加强基础研究的时候，他自己就身先士卒，锐意进取，不断向新的研究领域开疆拓土。1956年，他应邀赴苏联参加全苏数学大会，了解到苏联数学家在函数逼近论上有许多杰出工作。回国以后，他亲自攻读有关的最新文献，亲自做并指导研究生做逼近论的研究，获得了一些成果。不久，他应邀赴罗马尼亚讲学，介绍他与学生们在这方面的工作。

1958年，陈建功调回浙江，任杭州大学副校长。他从文献中了解到国际上对拟似共形映照的研究很活跃，便又带领研究生们进入这个前沿。共形映照又可译成保角映照，它是一种保持自变量域内图形形状的变换。拟似共形映照则又宽泛一些，它允许改变椭圆的长短轴之比，例如，允许把椭圆映照成圆，或者反过来。他很快就在拟似共形映照的赫尔窦连续性方面得到不少结果，形成了两篇很有价值的论文。在数学这门具有特殊困难性的学科里，像陈建功这样，年过耳顺，还能不断关注最新动态，充满进取精神，亲自从事研究，并取得成果的人，确实很少见。

七、斯人已逝，功业不废

陈建功长期被当作"只专不红"的典型，但他自己不承认。当科研人员、大学教师几乎人人都习惯于用"只专不红"的考语评价自己的时候，陈建功却不愿意从众随俗，他冥思苦索，终于想出一条，说自己"多专少红"。把"红""专"当成可以度量的东西，确乎不通，但这反映了陈建功认真的生活态度。

有人说陈建功不善辞令，其实，他只是在需要表明自己足够"红"的时候，才讷讷于言。在讲台上，在日常生活中，他是很会说话的，他说的话机智、诙谐、富有幽默感，同事、学生都喜欢与他交谈。不过，他确实没有废话，绝对不讲假话。

"文化大革命"一开始，他就被当作浙江省最大的资产阶级反动学术权威打倒了，精神上备受折磨，横遭凌辱，饱尝痛苦。后来，领导肯定了他的历史清白，他又一次认真地面对生活。他写信给老友周建人，打听中国数学事业的前途。在当时形势下，周建人又何能给他一个满意的回答。1971年4月，陈建功病倒了，他被送进浙江省中医院，住进嘈杂的大病房。4月11日，陈建功默默地离开了人世。他生于忧患，也死于忧患，至死无法理解周围的世界。他的亲人、朋友、学生都深以为憾。

爱因斯坦说过，科学家一生的主要业绩就是思想，科学家的传记也就主要记述他们想什么和怎样想。陈建功是一个科学家，他的生活经历在某种意义上可以说是平淡无奇的。陈建功同时又是中国的一个科学家，他对中国数学事业的贡献却绝不是平凡的。

数学作为一种客观真理,是不分国界的。数学定理一旦得到证明,就属于全人类。但是数学毕竟不能与一定的文化传统完全脱离。作为一种文化,它又总带着一定的民族、社会、国家的特征。中国传统文化没有为数学的成长提供良好的土壤。中国数学要跟上世界潮流,在一段时间里只能从国外引进新知识和新精神。明末徐光启翻译了古希腊欧几里得的《几何原本》,这是向中国注入西方数学精神的第一步。陈建功1928年做出在当时世界上领先的研究成果,堪称中国从事现代数学研究的先驱。国外的数学家与数学史家在读到中国现代数学时,也总是把陈建功置于前列。

斯人已去,功业不废。陈建功开创我国现代数学事业筚路蓝缕之功将历久不灭,值得后人永久地纪念。

(作者:陈克艰)

陈省身

当代世界大几何学家

陈省身

（1911—2004）

1979年3月4日至9日,来自世界各地的著名物理学家、天体物理学家(其中有诺贝尔奖获得者近20人),以及著名的数学家、科学史家和科学哲学家250多人在美国普林斯顿高等研究院参加"爱因斯坦诞生一百周年纪念学术讨论会"。一位年近古稀、肤黄发斑的长者,精神矍铄,做了题为《广义相对论和微分几何》的演讲。他是应邀在大会演讲的唯一一位数学家。他开宗明义地说:"我是作为一个微分几何学者来谈谈广义相对论令人惊佩的结构。如我所理解,广义相对论属于物理学,它的基础是物理实验。几何学的目标应该是研究空间。几何学的研究是由传统和持续性所指导的,其评价标准是数学的创造性、简洁、深刻以及它们的良好结合和协调。因此几何学有更大的自由并可略事沉醉于想象中的课题。但是在历史上,它也曾被突然惊醒,发现这些抽象的对象一贯和现实密切相关。微分几何和广义相对论的关系就提供了这样的一个事例。"

演讲者言简意赅地阐明了对几何学的研究对象、评价标准、发展的相对独立性及其与现实世界关系的深刻见解。厚重的历史感和清晰的哲理发人深省。他就是后来被人们誉称"20世纪伟大几何学家"的美籍华人陈省身教授。美国数学家说,陈省身是"众人皆知的传奇式的微分几何学家"。[1]

一、童年和少年时代

1911年10月28日，陈省身出生在嘉兴城内下塘的傍河宅第里。那时，震惊中外的武昌起义成功，嘉兴尚乱。陈省身落地9天就被母亲带着奔波"逃难"。祖母信佛，后来常说：这是"劳碌命"。父亲陈宝桢甲辰（1904）年中秀才，辛亥革命后毕业于浙江法政专门学校，在司法界做事。他盼长子日后能效曾子"吾日三省吾身"，为其取名"省身"，心意可鉴。

陈省身幼年得长辈爱护，顺其自然成长。父亲游宦在外，很难顾及子女教育。家里有时请先生来教，但非长期。祖母和未出嫁的姑姑是陈省身的国文启蒙老师。他间或随祖母烧香、拜佛、念经。有一年，父亲回家过年带回一套《笔算数学》课本，教他简单的加减乘除。父亲走了，他继续自学并做了大量习题。9岁那年，这个"只念过一天初小"的孩子，以优异的算术成绩考入秀州中学高小一年级读书。"南挹湖光秀，东迎塔影高，地之灵兮人淑陶。"秀中"开浙西风气"，是嘉兴最老的中学。陈省身在这所管理严格的教会学校，深得姑丈姚亮臣（国文教员）照顾。他三年级时能做相当复杂的算术题。读《封神榜》《说唐全传》等旧小说，调剂了他的课外生活又丰富了想象能力。他的童年生活是幸福的。

---

[1] 著名女数学家于伦贝克在1988年美国数学会100周年纪念庆祝会的综合报告《瞬子及其近亲》中的评语。

1922年深秋,父亲陈宝桢在天津法院工作,举家北迁。次年春,陈省身就近考入扶轮中学(现天津铁路一中),插班读一年级第二学期。"扶轮"是交通部办的中学,由于经费宽裕,图书设备好,肯用高薪聘请高水平教师,学校办得生机勃勃。陈省身读旧制四年。这是他开始形成广泛而有中心的兴趣和鲜明个性的时期。校长顾赞廷毕业于北京高等师范学校,治学态度严谨。他很看重数学,亲自教三年级的几何课,教得很"凶"。陈省身是他得意的学生,写过《一几何定理之十六个证法》,表现出对几何训练在开发智力中作用的较深理解,也显露出与众不同的逻辑推理能力。郑次纯、彭罕三等几位数学教员很有能力又极富献身精神,对他的影响也很大。[1] 不过,陈省身并不是一个只爱数学、"规规矩矩、老老实实念书"的学生。他说:"我有个看书的习惯,是自己主动去看。"他喜欢去图书馆,爱读历史、文学、掌故,常常跑到书库一待就是几个钟头。1926年,他在校刊《扶轮》上相继发表7篇作品。小说《立志》表达敢于战胜恶劣环境而自立于人生的志向,小诗《纸鸢》显示了他"喜欢自由与独立,不肯随俗"的个性和主动求学的精神。文章《科学与宗教》则阐述了两者的情状历史和各自的性质。陈省身写道:"科学的目的,在寻觅宇宙间已经进行的法则,描摹自然界一切现象,将结果归纳到极简单极完全能证明的名词。"他认为:"几何学在数学中占了极重要的位置。非但有志于研究科学的人,应当注意它,就是

---

[1] 有的中国现代数学史书只字不提陈省身的中学岁月,反而说"他的数学基础是自学的",其所用的书是霍尔和奈特合编的《高中代数》及温特沃思和史密斯合编的《几何》《三角》。是为失实。

普通的中学也应该拿它当做应有的常识。"几何、科学、自然界和宇宙开始在少年陈省身的心里扎根了。他立志研究科学,但还没有想到数学事业。[1] 然而不久,他的数学能力经受了一场严峻的考验。

这年夏天,陈省身中学毕业。父亲的同学,中国数学史家钱宝琮教授鼓励他直接报考南开大学理科。要念理科就得考解析几何,可是"扶轮"旧制四年他没念过。时值炎夏,祖母去世,家里的环境很差。陈省身借来南开中学课本,自学备考。结果不用念预科就直接升入南开大学。

二、从南开、清华,到汉堡、巴黎

20 世纪 20 年代后期,南开大学从艰难的初创时期转入短暂的发展阶段。实行通才教育,强调实用能力和开拓精神,构成了这个发展阶段的办学特色。陈省身念理科,第一年不选系。他选了国文、英文、初等微积分、普通物理和初等力学 5 门课。他"觉得物理似较切实,所以入学时倾向于物理系"。

这一年,他看了很多小说和杂书,还常替成绩不太好的同学写作业。第二年,他的读书生活和学习态度有了很大变化。秋天,算学系主任姜立夫教授从厦门大学回到南开大学任教。陈省身因厌恶实验而主修数学,成了他的学生。这是一次自然而又重要的选择。60 多年后,陈省身写道:"我从事于几何大都亏了我的大学老师姜立夫博士。"

---

[1] 有人说,陈省身的数学事业是从扶轮中学开始的。此说也不确切。

姜立夫，浙江平阳人。1919 年，他以《非欧几里得空间直线球面变换法》的几何学论文获美国哈佛大学博士学位，次年到南开大学创办算学系。他是南开大学的元老，也是现代数学在我国最早和最富有成效的播种人之一。他一生精心培育现代数学人才，重视数学研究的基本建设，组织领导和从事数学研究，功绩卓著，是中国现代数学史上值得"大书特书"的"圣人"。[1]

南开大学当时还是私立学校，经费少，能聘来的教授更少。陈省身虽听过钱宝琮、姜立夫、张希陆、饶毓泰等教授的课，但他的绝大多数数学课程，如高等微积分、线性代数、复变函数、高等几何都是姜立夫教的。他和吴大任都是姜先生的得意弟子。三年级时，陈省身当姜先生助手，改低年级作业，后来张希陆的课也让他改。他由此每月可赚 10 块钱，既锻炼了能力，又改善了学习和生活条件。1929 年，陈省身、吴大猷等 10 人当选校理科科学会委员。当时系里数学书刊质量全国首屈一指。陈省身师从段茂澜学习德文、法文，都达到了能读数学书的程度。姜立夫治学严谨、注重基础，对学生因材施教、循循善诱，教学艺术高超。四年级时，他又为陈省身、吴大任等 5 名学生开设了当时高深的微分几何、n 维空间几何和非欧几何等选修课。陈省身后来说：那时的南开大学算学系实际上是"一人系"，"我在初等大学教育所念的数学，都是他教的"。

南开四年的大学生活，使陈省身开始执着地追求自己的理

---

[1] "圣人"之评，语出胡适。

想——献身于数学事业。他那时认识到：中国的现代数学还很贫弱，"要深造必须出国留学"。刚巧，他毕业那年，清华大学创办的理科研究所算学部招收硕士生，三年毕业可授学位，成绩优秀者还可派出国留学两年。陈省身想去清华大学并"跟孙光远先生做点研究"，他拿着姜立夫的介绍信谒见熊庆来教授。经过严格考试，他和吴大任都被录取了。

20世纪30年代，清华大学经费充裕，人才荟萃，是国内最高学府之一。算学系有4位名教授：系主任熊庆来，以及郑桐荪、孙光远和杨武之。教员有周鸿经、唐培经。它先后吸引了许多优秀数学青年，包括日后蜚声国际数坛的大数学家华罗庚、许宝騄等。不过，入学时机最好者要数陈省身。

陈省身到了算学系，才知道硕士生只有他一人报到。系里改聘他为助教，次年再做研究生。他在清华园除读必修课外，还选修了杨武之的"群论"和北京大学江泽涵的"形势几何"即"拓扑学"，但主要精力则是随孙光远研究射影微分几何。孙光远，浙江省余杭县人，1928年在芝加哥大学获博士学位，是中国微分几何研究的先驱者之一。从他那里，陈省身开始知道有一个芝加哥的维尔辛斯基创建的射影微分几何的"美国学派"。1931年，斯佩里编辑了关于射影微分几何的文献目录，包括两百多篇论文。陈省身那时特别喜欢读哈佛的格林的论文，也如饥似渴地读苏步青在仿射和射影微分几何方面的论文。在孙光远的指导下，陈省身于20世纪30年代早期就在清华大学《理科报告》和日本《东北数学杂志》发表了《具有一一对应点的平面曲线对》和《具有对应母线的直线汇三元组等论文。这是陈省身数学事业的起点。论文隐含的哲理，几十年后仍在美国当代著名数学家格里菲思关于网、阿贝尔定理及它们在代数几何的应用中产生了共鸣。

20世纪30年代初，中国数学界的国际学术交流开始加强。1932年春，经姜立夫推荐和中华教育文化基金会资助，北京大学请德国汉堡大学勃拉希克教授做"微分几何的拓扑问题"系列讲演，讲网几何。陈省身每次都去听。勃拉希克新颖的思想以及他认为数学是充满生气的、易于理解的学科的信念，给陈省身以深刻印象。次年11月，陈省身完成了硕士学位论文，并以学业成绩优秀获公费留学资格。此时孙光远去了中央大学，陈省身远望着"一座美丽的高山"，即刚开始的新领域——大型微分几何，审时度势做了学术上的战略选择：毅然离开射影微分几何的熟地，不去美国，而到德国"去开垦新的沃土"。他得代理系主任杨武之帮助，获学校批准，踏上了追随勃拉希克深造的征程。陈省身曾欣然地说："去德国读数学是明智的。"

19世纪的德国数学执世界牛耳，20世纪此势未衰。第一次世界大战后，汉堡大学建成为德国一个新的数学中心，它拥有阿廷、赫克和勃拉希克等欧洲领头的数学家。1933年希特勒上台，德国老的名牌大学如格丁根大学、柏林大学闹学潮，汉堡大学幸而有难得的宁静。陈省身抵汉堡大学时，勃拉希克度假旅游去了。他归来给陈省身几篇他新写的网几何论文。陈省身已有基础，潜心研读，开学前就发现论文中的一个漏洞。机遇再次光临有准备的头脑。陈省身不负使命，12月初就完成了他到汉堡大学的第一篇论文《关于网的计算》，补了漏洞，还推广了勃拉希克的定理。他庆幸刚去德国就给导师"一个好的印象"。

在汉堡大学两年，陈省身听过勃拉希克的"积分几何"、阿廷的"代数拓扑"和赫克的"代数数论"等许多课程，同勃拉希克的助教卡勒博士接触最多。那时，卡勒的研究工作正处于突进时期。1934—1935年，他领导讨论班研读其名著《微分方程组理论导引》。书中发挥法国大数学家E.嘉当的理论，其基本定理后来被称为"嘉当−卡勒定理"。讨论班刚开始，全研究所的人都参加了，但因理论太难，陈省身成了"抗战到底"的极少数人之一。他后来说，正是在卡勒的讨论班上，"我体会到了E.嘉当的工作的威力和洞察力，并获得勇气去学习嘉当的创造性论文"。他抵汉堡大学不到一年所提交的博士论文《$2n$维空间中n维流形三重网的不变理论》，正是他努力理解嘉当−卡勒理论时在网几何方面的自然结果。1936年2月，陈省身获博士学位。夏天他又获得中华教育文化基金会的资助，并在勃拉希克的"极力主张"下，选择到巴黎去跟E.嘉当作博士后研究。"目标始终如一"，这是陈省身数学发展道路上具有决定意义的选择！

E.嘉当是20世纪最伟大的数学家之一。他的工作覆盖了广泛意义下的微分几何的全部，从李代数和伪群到微分系统和拓扑。他的许多思想和结果是基本性的。然而，他的论著十分难读，甚至连数学大师外尔也说："嘉当是当今最伟大的数学家"，"但我必须承认我觉得他的书和他的文章一样难读"。陈省身在巴黎艰苦奋斗了一年。他抵法不久即受嘉当青睐：允许隔周到家中面谈，每次一个小时。陈省身十分珍惜这种"面谈"的机会。这年他写了《关于射影正规坐标》等3篇论文，但工作范围远远超出了这些论文的内容。他学习了活动标架和等价方法，还有更深的嘉当-卡勒理论，而最重要的则是嘉当的数学语言和思想方法。射影正规坐标是这年美国著名几何学家维布伦在给嘉当信中谈到的问题。这对于"道路几何"的普林斯顿学派来说是紧要的事，因为它们要用于定义张量的"正规开拓"。嘉当把问题交给陈省身，不久，陈省身提出了一个基于嘉当几何方法的新定义。维布伦后来很高兴把论文推荐在《数学纪事》上发表。那时，陈省身在巴黎仍博采众家。他听了嘉当开的"外微分形式"课程，还听了蒙特尔有关多复变的讲课，参加过阿达马在法兰西学院的讨论班。而在儒利亚别具一格的"新数学"讨论班上，这年的专题恰好就是"E. 嘉当的数学工作"。陈省身也参加讨论，接触了后来鼎鼎有名的"布尔巴基学派"的第一代青年领袖，如韦依等人。不过，他已独步先行了。

20世纪90年代初，美国数学家评论："陈省身的研究工作有一个共同的风格：他精通微分形式的运算技巧并将它巧妙地用到几何问题上。这是他的老师——几何大师E. 嘉当传给他的魔杖，使他能以此进入数学上旁人难以进入的新领域。"陈省身后来则点出了"魔杖"之"秘"。他说："首先要讲的是他引进的外微分运算。黎曼几何中标准的分析工具是既优美又有效的里奇张量分析。对比起来，我想把后者称为一个二级运算，它的导入需要流形上的联络，而前者是一个仅依赖于微分结构的一级运算。这个差别有一些很深刻的后果，因为在最时髦的分析中一个一级运算较一个二级运算更值得注意。包括几何大家外尔在内的大多数几何学家感到嘉当的工作难于领悟，我以为一个原因在于他们是通过张量分析训练出来的，这成为一种负担。"

"汉堡巴黎访大师，艺林学海植深基。"德法之行奠定了陈省身一生学术事业的雄厚基础。

三、现代微分几何的奠基人

1937年7月7日，日本全面侵华战争爆发。陈省身于7月10日告别嘉当，离法经美回国就任清华大学教授，9月初直奔北京大学、清华大学、南开大学三校合组的长沙临时大学讲授"高等几何"和"微积分"。那时，长沙接连遭到敌机狂轰滥炸。次年初，学校西迁昆明，改名西南联合大学，5月4日正式开课。这个刻意选择的日子寄托着师生员工对"五四"反帝爱国精神的向往，凝聚着深重的民族危难意识。在那艰苦岁月里，陈省身同许多科学家和教师在西南联大，为中国的科学教育事业含辛茹苦，勤奋耕耘，精心培育人才，写下了中国科学教育史上极其辉煌的一章。

西南联大时期，数学系教员不缺。系主任先后由江泽涵、杨武之、赵访熊担任，教授还有申又枨、程毓淮、郑桐荪、曾远荣、陈省身、华罗庚、姜立夫、刘晋年、蒋硕民、张希陆、许宝騄等11人。德高望重的姜立夫，1935年受聘为中央研究院第一届评议会评议员。1940年"新中国数学会"在西南联大成立，姜立夫被选为会长，理事有熊庆来、陈建功、苏步青、孙光远、杨武之、江泽涵、华罗庚、陈省身等人。陈省身担任学会文书，华罗庚任会计。这年

11月25日，重庆大雾转晴，中央研究院院务谈话会有一项重要议案。议定设数学研究所筹备处，聘姜立夫为主任。次年3月，经中央研究院评议会通过，数学研究所筹备处在昆明成立，姜立夫满腔热情地投入筹建工作。陈省身后来说："他洞鉴了当时中国数学界的情形，只求切实工作，未尝躁进，树立了模范。"此时的昆明则成了全国最重要的数学中心。

在"数学王国"里，抗战年代的昆明的确人才辈出。陈省身、华罗庚和许宝騄是研究成果最突出的三位青年教授。他们像磁铁般吸引了许多有志于数学的优秀学生。陈省身那时有机会开"黎曼几何""射影微分几何""罗网几何""拓扑学"和"外微分方程"等新课程和高深课程，确收教学相长之效。1939年，陈省身和华罗庚、王竹溪合开"李群"讨论班，这在国内外都是先进的，显示出深邃的科学眼光。那些年，陈省身身边聚集着一批优秀学生，数学系有王宪钟、严志达、吴光磊等，物理系的杨振宁、张守廉、黄昆也选读他的课。王宪钟日后以纤维丛、李群、齐性空间方面的研究，尤其是"王序列"著称于世。严志达当年就和陈省身有合作论文发表，日后在李群方面有"里程碑"式的贡献，现为中国科学院院士。杨振宁于20世纪50年代获诺贝尔物理学奖，名震寰宇。其他几位也有杰出成就。杨振宁后来回忆道："在联大时，我可能曾听过好几门陈教授的课，但是翻查如今仍然保存的联大成绩单，发现我只在1940年秋季学期正式选修过他的微分几何学。当时我是物理系的三年级生，我已不很记得上课的情形了，只有一件事印象很深。那就是怎样证明每个二维曲面都和平面有保角变换关系。当时我知道怎样把度量张量化成 $A^2 du^2 + B^2 dv^2$ 的形式，但是想了很久都想不出怎样能使 $A = B$。有一天陈教授告诉我要用复变数，并写下 $Cdz = Adu + iBdv$ 这个式子。学到这简单的妙诀，是我毕生难忘的经历。"陈省身后来也常说："数学上的一个奇迹是复数的存在；一个复数相当于两个实数。因之复函数论的研究牵涉到二维空间，以及高维空间。""没有复数就没有电学，就没有近代文明！""好的纯粹数学往往有意想不到的应用。"1941 年，他就在《科学》杂志上发表《中国算学之过去与现在》。他呼吁算学界保留、发扬研究精神，注意应用问题，使中国科学渐渐不落人后。

1939 年 7 月，陈省身和郑士宁（郑桐荪的女儿）结婚。次年郑士宁去上海分娩，陈省身在云南独自生活。教课之余，他潜心研究，笔耕不辍。这是他勤奋研读、不断开拓的时期。他研究了各种不同的等价问题。他以《关于克莱因空间积分几何》为广义积分几何奠基。韦依评论说，他"把勃拉希克学派的积分几何工作一举推进到更高的水平"。战争岁月，通信困难，嘉当得知陈省身资料匮乏，曾寄给他许多自己论文的抽印本，包括一些过去的论文。陈省身花了大量时间研读这些论文，考虑其内涵和应用。"衣带渐宽终不悔，为伊消得人憔悴。"他开始探索许多从未有人思考的数学问题……回首往事，他说："在 30 年代，人们已开始认识到嘉当的工作的重要性，如外尔、勃拉希克和卡勒，但几乎没有人去读嘉当旧时的论文（有关李代数的论文除外）。我很幸运能因环境之故把这些论文都遍读无遗。"陈省身常常提到逆境和良师使他有一段十分必要的"闭门精思"的时间，他说在西南联大，"高斯－邦尼公式曾使我着迷,我知道它最概念化的证明是通过结构方程表示联络形式的外微分。当 1943 年我去普林斯顿时,它已为我在数学工作中最得意的一篇论文开了题"。笔者曾指出:陈省身是炎黄子孙中出类拔萃的数学巨子。著名数学家苏步青说:"陈省身气魄大","他在理论上搞整体,具有开拓性,学术领导上也具有战略眼光"。综前所述,我们认为,这与陈省身早期的数学训练背景、后来的科学研究环境以及自身长期不懈的努力关系密切,也与他的数学思想和理论思维的能力息息相通。开题既定,根基深厚的青年教授迟早会在这个选题上有所作为的。[1]

那时,姜立夫正在昆明筹建中央研究院数学研究所。他对研究员的延聘"特别注重研究能力,宁缺毋滥"。1941—1944 年,筹备处先后延聘了苏步青、陈建功、江泽涵、陈省身、华罗庚、姜立夫、许宝騄和李华宗 8 位兼任研究员。大西南数学界硕果累累,陈省身的数学工作为国际数学界所瞩目。美国普林斯顿高等研究院的创始教授外尔和维布伦正考虑邀请他去做访问研究,韦依竭诚赞助该计划。当时,大战犹酣,去美途中有风险。陈省身执着地追求自己的理想——献身于数学事业。去美前,他已周密考虑"在国内应得之薪金,在美拨发美金"要保持稳定的官价比。抵美后,他立即

---

[1] 第七届国际中国科学史会议(深圳,1996 年)大会报告之一。文中"后来的科学研究环境"一语,西南联大时期是最重要者之一。1986 年 11 月 4 日至 13 日,笔者有幸应邀首次采访陈省身先生,存 12 次采访手记和谈话录音。关于高斯−邦尼公式的内蕴证明,他同意我关于"种子与土壤"的中肯分析。据此,"传奇式"的微分几何学家之限定语,似应取消。是为长注。

致函梅贻琦校长："生之计划，拟在此留至一九四五年夏间；学校休假只一年，明年拟请假一年，未识先生尊意若何。"他想在普林斯顿干出一番事业来，并在那里很快就见着了爱因斯坦。陈省身后来回忆道："1943年，我从中国西南部的昆明到普林斯顿研究院，那是第二次世界大战激烈进行之时，他以非常的温暖和同情来欢迎我。我能够时常同他讨论各种课题，包括广义相对论在内，是最大的幸福。我立即看到他的问题的极端困难以及数学与物理之间的区别。数学中有名的问题通常是已经提得很明确的，但在物理上，问题的提法也是问题的一部分。"他感到普林斯顿阳光灿烂，气氛的变化令人难忘。然而，有一次他和美国一位非常有地位的数学家聊天。这位数学家问他是做什么的，陈省身说微分几何，此人立刻就说"它已经死了"。幸而陈省身心里踏实，充满信心。他说，那时，"对于传统的微分几何学，我的了解和我所掌握的工具，自信不在人下"。"我要搞整体的微分几何，便需要拓扑、李群、代数几何和分析等。"他也崇拜外尔，但他说："我已不是学生。"在普林斯顿，陈省身同外尔、维布伦有多次长谈，开阔了眼界。但同他接触最多的是法国青年数学家韦依。他们两人有许多共同的兴趣。他们对一些数学问题以及整个数学，有许多共同的观点。他们"都力图不管别人的先入之见而直接对每一个问题从根本上下功夫"。高斯－邦尼定理就是有名的范例。

在初等几何中，我们知道，三角形最引人深思的性质与它的内角和有关。在欧氏几何中，有一个关键的定理，即三角形的内角和等于 π（弧度）。这个定理是从一个深刻的公理——"平行公理"推出的。把这个定理推广到三维欧氏空间定向的封闭曲面上去，有 19 世纪经典微分几何中的高斯-邦尼公式。这个公式把整体不变量表示成局部不变量的积分，揭示了曲率与拓扑之间的一个重要联系。20 世纪，霍普夫在 1925 年发表的论文中对欧几里得空间中偶数维定向超曲面证明了这一公式，并把欧拉数表成一个曲率函数的积分。应用管状域，艾伦多弗及芬格尔于 1940 年把它扩充到欧几里得空间的任何子流形上。1943 年，艾伦多弗和韦依更将其推广到黎曼多面体上，他们对边界上立体角的处理是卓越的。但是，证明冗长难读，且不是"内蕴"的。

陈省身抵美后，见到了这篇论文。它立刻成了他和韦依讨论的话题。他不懈地思考。他根据自己对二维情况的理解，知道正确的证明应该建立在"超度"概念上。这样，他抵美仅两个月，就弄清了关于向量场奇点的"庞加莱-霍普夫定理"，并用自己强有力的独特方法，第一次使用内蕴丛——单位长切向量丛，完成了这个被人们视为"现代微分几何出发点"的定理的内蕴证明，成为整体微分几何的一个经典定理。这篇题为《关于闭黎曼流形高斯-邦尼公式的一个简单的内蕴证明》的论文，1944 年发表在《数学纪事》上。陈省身的证明有新见，不仅解决了技术上的困难，还开创了许多新发展。陈省身说："事实证明，最本质的思想是考虑 M 上的单位长切向量丛 SM。"他始终认为，这是他"一生最得意的文章"。

普林斯顿的环境与工作节拍使陈省身十分惬意。激动人心的新发展接踵而来。1945 年，陈省身由高斯-邦尼公式导入了他关于示性类的最著名的工作：年初，他发现复流形上有反映复结构特征的不变量（后来被命名为陈省身示性类，简称"陈类"）；7月，他又向《数学纪事》提交了论文《埃尔米特流形的示性类》。这篇介绍陈类的基本文献，几十年来引导许多青年学子步入数学殿堂，对数学的发展产生了深远的影响。韦依评论："示性类的概念被陈的工作整个地改观了。"陈类现在不仅在数学中几乎到处可见，而且与杨-米尔斯场及其他物理问题有密切关系，是最基本、最有应用前景的示性类。1983年2月，杨振宁在香港《七十年代》月刊发表了"数理联姻"的几何学史诗《赞陈氏级》："天衣岂无缝，匠心剪接成。浑然归一体，广邃妙绝伦。造化爱几何，四力纤维能。千古寸心事，欧高黎嘉陈。"谈到陈省身今天在几何学界的地位已直追欧几里得、高斯、黎曼和嘉当。他后来还说："客观的宇宙奥秘与纯粹用优美这一价值观发展出来的数学观念竟然完全吻合，那真是令人感到悚然。这种感受恐怕和最高的宗教感是相同的吧？"

在普林斯顿的两年，陈省身撰写了10篇论文。这是他成果最丰饶、最重要的时期之一。1945年7月23日，陈省身再函梅贻琦校长关于请假继续留美研究一事，信中说："校中需人迫切，可以想象，惟生习算二十年，苦心所在，不甘自弃，当为先生所谅。"次年初，《美国数学会通报》发表陈省身长达30页的重要论文《大范围微分几何的若干新观点》，指出了E.嘉当的联络的几何学思想与纤维丛理论有密切的关系，从而把微分几何学进一步推进到大范围的情形。霍普夫评论："推广高斯-邦尼公式是微分几何最重要和最困难的问题，纤维丛的微分几何和示性类理论……更将数学带入一个新纪元。"至此，陈省身作为现代微分几何奠基人之一的历史地位，实已确立。

四、几何学在美国复兴的极有决定性的因素

抗战胜利后，1946年4月，陈省身回国抵沪，时值姜立夫奉派将赴美进修。中央研究院请陈省身"帮助姜先生办这个所"。他答应了，任筹备处代理主任，主持工作。他一到任就把"训练新人"作为最重要的工作，把"代数拓扑"作为主攻方向。私下里，陈省身多次同人谈起，"他的主要目标不是拓扑而是大范围或整体性微分几何"。他想在中国建立一个学派。他致函各著名大学的数学系，请推荐三年内毕业的最优秀学生。不久，招来了10多名青年助理员，陈省身每周给他们讲6个小时代数拓扑，有时还达12个小时，基本参考书是亚历山德罗夫和霍普夫的《拓扑学》。他提携后进，指导有方。后来还汇编过《代数拓扑论文集》，内集霍普夫等10位数学家的重要论文，指导青年研读。他孜孜不倦地为振兴中华数学培养了一批拓扑学人才，如吴文俊、陈国才、张素诚、周毓麟、廖山涛、杨忠道、孙以丰等。那时在处、所工作过的青年路见可、曹锡华、叶彦谦、陈杰、陈德璜等，日后均有大成，在国内著名大学工作，成为中国数学界的骨干力量。1947年3月，陈省身曾返清华大学任教一学期。此前，数学研究所的筹备工作基本就绪，姜立夫在美致函朱家骅力荐陈省身担任所长。陈省身对数学兴趣浓厚，不愿长任行政，未肯考虑。他说："大概我的计划，是想等姜先生回国后，再出国一些时候。"7月，数学研究所在沪成立，后迁南京，陈省身任代理所长。20世纪40年代的中央研究院数学研究所，含

其 1941—1947 年 6 年多的筹备阶段，在中国现代数学史上有着十分重要的地位。受命创办这个研究所的姜立夫所长和主持该所工作两年多的陈省身先生，其历史功绩都是不可磨灭的。1948 年，陈省身当选中央研究院院士。12 月 31 日，他携夫人和儿女陈伯龙、陈璞飞往美国。此前，陈母韩梅已逝，陈宝桢随次子家麟住台湾。陈省身再抵普林斯顿高等研究院，"虽宾至如归，而西望故国，归去无日，感慨万千，唯借工作以忘情"。

20 世纪 40 年代初，美国的微分几何还处于其最低点——"它已经死了"。陈省身一到美国就在维布伦的微分几何讨论班担任主讲人，其讲稿流传甚广。夏天，他迁芝加哥大学，成了孙光远当年导师莱恩的继任人。他在那里开设"大范围微分几何"课程。他正在开辟自己的道路！1950 年 8 月，第十一届国际数学家大会在哈佛大学召开，陈省身应邀做《纤维丛的微分几何》全会演讲。它标志着中国数学家在 20 世纪中叶在现代数学的一个主流方向居国际领袖地位。在芝加哥的 10 年，陈省身培养了美国历史上第一批高质量的几何学博士 10 人，廖山涛即其中之一。听过其课的还有辛格，他后来与阿蒂亚以"指标定理"的杰出工作轰动国际数坛。陈省身的讲稿《微分流形》和《复流形》在美国各地传播，还迅速传到巴西、苏联和其他国家。在这 10 年，他还先后同斯帕尼尔等许多数学家合作，促进了微分几何同周围的数学领域，如代数拓扑、代数几何和偏微分方程逐步结合的演化。这对后来把几何学逐渐推向数学的"中央舞台"起了重要作用。陈省身在美国数学界的重要地位此时也已确立。

1960年，陈省身举家西迁，在加州大学伯克利分校任教。次年，他当选美国科学院院士，成为美国公民。他在伯克利一如既往"训练新人"，又培养了31名高质量的几何学博士，其中包括20世纪60年代第一流的几何学家温斯坦，以及后来的国际菲尔兹奖、克雷福德奖获得者华人数学家丘成桐。他是真正的"桃李满天下"。1970年，陈省身再次应邀在国际数学家大会做《微分几何的过去与未来》的全会报告。这一年，美国数学协会给他颁发了肖夫内奖。1975年，福特总统给他颁发美国国家科学奖，表彰他对美国科学事业的杰出贡献。

陈省身的数学成就广泛、深刻，遍及射影微分几何、欧几里得微分几何、几何结构和它们的内在联络、积分几何、示性类、全纯映射、极小子流形、网几何学、外微分系统和偏微分方程等众多方面。1978年，《陈省身数学论文选集》由斯普林格公司出版，次年他从加州大学退休。1982年，美国国家科学基金会在伯克利设数学研究所，"陈省身是筹划人之一"，并任第一任所长至1984年。其间，他荣获国际沃尔夫数学奖，以表彰他对整体微分几何的杰出贡献，及其对数学整体产生的深远影响。陈省身推动了几何学在美国的复兴。1988年，美国数学会隆重纪念数学会成立100周年，著名数学家奥塞曼集众家高见写道："使几何学在美国复兴的极有决定性的因素，我想应该是40年代后期陈省身从中国来到美国。"

陈省身在美国建立了微分几何新学派。1990年，德国数学会百年庆祝专著《数学史》卷，特别推崇E.嘉当和陈省身是20世纪的两大几何学家。除前文已述者外，他还荣任印度数学会名誉会员、美国数学会副会长、美国科学和艺术研究院成员、巴西科学院通讯院士、第三世界科学院创始成员、英国皇家学会国外会员、伦敦数学会名誉会员、纽约科学院终身名誉院士、意大利西西里帕洛里塔尼学院通讯院士、意大利国家科学院国外院士、法国科学院国外院士。

陈省身是20世纪伟大的几何学家，也是有厚重历史感的、科学思想深邃的哲人。1989年，他当选为美国哲学学会会员，并应邀为苏联《数学百科全书》（中文版）作序。他指出："在人类的思想史上，数学有一个基本和独特的地位。几千年来，从巴比伦的代数，希腊的几何，中国、印度、阿拉伯的数学，直到近代数学的伟大发展，虽然历史有时中断，但对象和方法则是一致的。数学的对象不外'数'与'形'，虽然近代的观念，已与原始的意义，相差甚远。数学的主要方法，是逻辑的推理。因之建立了一个坚固的思想结构。这些结果会对其他学科有用，是可以预料的。但应用远超过了想象。数学固然成了基本教育的一部分。其他科学也需要数学作理想的模型，从而发现相应科学的基本规律。"他对数学在人类思想史上的地位及其广泛而深刻的应用，做了独具匠心的精辟概括。真正的科学是富于哲理性的。几十年来，陈省身在几何学研究中坚持局部和整体相结合的精神。他认为：科学是一个整体；纯粹数学不能空虚，它需要实践，需要应用数学来指示正确的方向。他在长期的科学研究工作中，以自发的唯物主义倾向，闪射出朴素的辩证思维之光。

他对几何学有许多深刻而又独到的历史见解。他指出："欧几里得的《几何原本》（公元前300年左右）是人类智力的伟大成就之一。"非欧几何学的发现"在人类思想史上是非常特别、有意义的事实","这一发现是人类知识史上最光辉的篇章之一"。他深刻地总结:"现代几何学离欧几里得时代差别极大。概括起来说,我很想将下述内容看作几何学历史的主要发展:(1)公理(欧几里得);(2)坐标(笛卡儿,费马);(3)微积分(牛顿,莱布尼茨);(4)群(克莱因,李);(5)流形(黎曼);(6)纤维丛(E.嘉当,惠特尼)。"

他说:"一个性质,假如它不直接涉及到数或假如产生于流形上,在这里坐标本身是没有意义的,那么,这个性质就是几何上的性质。转到多变量,代数和分析具有涉及几何的倾向。"

笔者以为,这或许就是他对当年在伯克利做"教授研究会报告"时,人们希望他谈谈"几何是什么;这许多世纪以来它的发展情况"的简洁、深刻的回答。当年,他妙语连珠风趣地表达过一种独到见解:"在几何学研究中有了坐标这个工具之后,我们现在希望摆脱它的束缚。这引出了流形这一重要概念。一个流形在局部上可用坐标刻画,但这个坐标系是可以任意变换的。换句话说,流形是一个具有可变的或相对的坐标(相对性原则)的空间。或许我可以用人类穿着衣服来做个比喻。'人开始穿着衣服'是一件极端重要的历史事件。'人会改换衣服'的能力也有着同样重要的意义。如果把几何看作人体,坐标看作衣服,那么可以像下面这样描写几何进化史:

综合几何　　裸体人

坐标几何　　原始人

流　形　　　现代人"

生动的比喻再现了他从小"喜欢自由与独立,不肯随俗"的个性。他说他喜欢讲别人没有说过的话。我们认为，它确实可看作几何学发展史的一种深刻、简洁的新分期法。恩格斯指出："数学本身由于研究变数而进入辩证法的领域，而且很明显，正是辩证哲学家笛卡儿使数学有了这种进步。"爱因斯坦曾感到"要摆脱'坐标必须有直接的度量意义'这个旧概念是不容易的"，而流形的概念对像阿达马这样一位大数学家也不简单。从数与形的联系上看，以坐标、流形的概念划界的新分期法，的确揭示了几何学的深刻质变。它让人们再次领略了"（否定之否定）发展不是按直线式而是按所谓的螺旋式进行的"哲理。陈省身指出："将来数学研究的对象，必然是流形；传统的实数或复数空间只是局部的情形（虽然在许多情况下它会是最重要的情形）。""讲到微分几何的未来，当然预测是很困难的。19世纪的深刻的结果（如单复变函数论），多半是单元的……但整个宝藏发掘未及十一，可以发展的方向，多不胜数。数学的前途无量是可以预卜的。"他希望"人类历史上中国数学在21世纪的发展能够有新的一章"，他也在身体力行。

五、祖国之恋和最大的愿望

陈省身并不是一位社会政治活动家，但在他对祖国执着、深沉的恋念中，凝结着渴望祖国统一和领土完整的强烈社会责任感。1971年3月由钓鱼岛主权问题引发，陈世骧、陈省身及李卓皓等数人发动"由全美知名学人具名"上书台湾最高当局一事，可资说明。1990年夏，笔者应邀赴美在伯克利数学研究所做访问研究，有幸参加了菲尔兹奖得主斯梅尔60华诞盛宴。陈省身曾经赞许地介绍过他年轻时为"反对越战"卧轨的壮举和驶帆、收集矿石标本的业余爱好。更早我们还谈论过爱因斯坦高度的社会责任感。陈省身喜欢老庄哲学，爱好陶渊明、杜甫、李商隐诗词，有深厚的中国传统人文素养。他认为数学家从事教育工作，培养出优秀人才，就是有社会责任感的重要表现。

1964 年，父亲陈宝桢"重游泮水"有诗云："优游岁月待终老，赖有儿曹鹤立时。"陈省身乘机写了七绝二首："泮水芹香六十年，风光虽改意情牵。孤灯残月成追忆，经史诗词展旧编。""一生事业在畴人，庚会耆龄训育真。万里远游亏奉养，幸常返国笑言亲。"这一年，他赴台湾促进了祖国宝岛的数学发展，台湾"中央研究院"成立了数学中心。

1972 年 9 月，中美两国结束对峙状态不久，陈省身偕夫人、女儿访问新中国。他带来美国科学院和社会科学会与医学科学会的信，"希望交流科学家"。他在中国科学院数学研究所做了《纤维空间和示性类》的演讲。这个演讲描绘了阿蒂亚-辛格"指标定理"的全貌，展示了国际数学研究前沿的惊人成就。20 世纪 70 年代，陈省身追昔抚今，万般感触写了七绝佳作一首："飘零纸笔过一生，世誉犹如春梦痕。喜看家园成乐土，廿一世纪国无伦。"

20 世纪 80 年代第一春，随着祖国改革开放大潮兴起，他在北京、天津、广州《对中国数学的展望》的演讲中表达宏伟愿望："我们的希望是在 21 世纪看见中国成为数学大国。"那些年，他积极倡导、协助实施中国数学界每年举行的三项活动：召开"国际微分几何、微分方程会议"，举办"暑期数学研究生教学中心"，选拔中国数学研究生赴美参加"陈省身项目"研读。他以其特有的方式和风格,精心培养青年一代掌握现代微分几何要领。80年代后期,"中国已涌现了一批现代微分几何的少壮队伍,在某些课题方面,已经可使国外专家刮目相看,取得了一定的国际地位"。

1983年7月,中国改革开放的伟大设计师邓小平指出:"要利用外国智力。"不久国务院成立"国际人才交流中心"。次年,陈省身应中华人民共和国教育部聘请,任南开数学研究所所长,创办扎根国内、培养高级数学人才的基地,其宗旨是"立足南开,面向全国,放眼世界"[1]。南开数学研究所的创办得到全国数学界、有关领导部门和南开大学的大力支持。它的学术委员会由全国数学学科带头人组成,国家教委任命吴文俊为首届委员会主席。1985年10月17日,南开数学研究所正式成立,陈省身回顾中国数学的过去,分析现状,展望未来,语重心长地说:

中国在搞四化,而科学技术在不断进步,今天的理论研究在10年、20年后可能有重要的应用,要注意发掘学问的源泉。就数学而言,中国有光荣的历史,但没有产生像阿基米德、牛顿、高斯那样有伟大影响的数学家。对近代数学的研究起步较晚,需要努力工作才能赶上。建立南开数学所,就是希望为全国在数学方面愿意也能够工作的

---

[1] 此宗旨系吴大任先生拟定,被陈省身采用。胡国定先生为办所做了重要而又具体的工作。

人创造一个可以愉快地潜心工作的环境,让青年人知道有"好的数学"(指有意义、有创新)和"不好的"(指仅限于把他人工作推演一番)之分,从年轻时就懂得欣赏"好的数学"。希望中国数学界在经历过了解他人工作这个阶段之后,不妨"狂妄"一些,自己开创新的方向。相信20年后,中国的数学一定能够进入世界先进行列。南开数学所愿为此作出贡献。我本人为此愿"鞠躬尽瘁,死而后已"。

应陈省身邀请,1986年杨振宁来所参观并主动提出成立理论物理室。数理又"联姻"了。在陈省身的主持下,南开数学研究所经过"偏微分方程""几何和拓扑""调和分析和可积系统""概率统计""代数几何""动系统""计算机数学""复分析"等学术年的卓有成效的活动,以及举办一系列的国际学术会议和"21世纪中国数学展望学术讨论会",已成为国际瞩目的一个数学中心。

1988年8月,第一次"21世纪中国数学展望学术讨论会"在南开数学研究所召开,组织委员会主席程民德做了《群策群力,数学可望率先赶上世界先进水平》的主题报告。[1]陈省身则在开幕式上,以其特有的幽默说:"我们今天在这里讨论21世纪的中国数学。目的是预测一下21世纪中国数学界是何情状,策划如何应付新时代的来临。我是不应该讲话的,因为我不会参加21世纪的工作。(众笑)

---

[1] 提出"数学科学研究率先赶上世界先进水平"的口号,是陈省身教授的建议。李铁映同志称这一目标为"陈省身猜想"。但陈省身并不是两次"21世纪中国数学展望学术讨论会"的"主席"。纪念册《南开数学研究所(1985—1995)》于此有疏误。

但是我充满信心地看到中国数学的前途是非常光明的。"

1991年5月,第二次"21世纪中国数学展望学术讨论会"又在天津举行。陈省身在他度过了"最美好的年华"的城市,作了学术观点新颖的《芬斯勒几何》的演讲。会前,他把自己在台湾的演讲稿《怎样把中国建为数学大国》送给江泽民,说:"我最大的心愿是把中国建成数学大国。"党和国家领导人邓小平、江泽民、李鹏都多次会见陈省身,称赞他对中国教育和科学发展的关心,对中美教育交流做出的贡献。1994年6月,陈省身当选为中国科学院首批外籍院士。1996年5月,首届"中华人民共和国国际科学技术合作奖"授奖仪式在北京举行,国务委员宋健代表中国政府向陈省身颁发了奖牌和证书。这一年,在陈省身的推动下,德国斯普林格出版社确定与南开数学研究所合作出版《组合年刊》。担任该刊执行编辑的是留美青年数学家陈永川。他说:"我所以能在美国深造并取得一些成绩,离不开国家的培养和许多老师的帮助。我的事业应该在中国。"

芬斯勒几何的名称来源于芬斯勒1918年的博士论文。它实际上是一个简单积分的几何。并且和变分学同样古老,是希尔伯特19世纪之交在巴黎国际数学家大会著名演讲中的第23个问题。陈省身于1996年5月在北京做了《中国的数学》演讲。他说:"最近经我的鼓励,芬斯勒几何有重大的发展。""黎曼的几何基础包含芬斯勒几何。我们最近几年的工作,把黎曼几何的发展,局部的和整体的,完全推广到芬斯勒几何。这将是微分几何的一块新园地,预料前景无限。"

陈省身有感于中国数学界"长江后浪推前浪"的壮景,吟出

"老成屹立中流柱，少壮涌出百丈泉"的欣喜诗句。1992年，他在北京做了《21世纪的数学》演讲。次年5月，他和丘成桐提出建议，希望中国举办一次国际数学家大会，并向党和国家领导人说了他们的想法。后来，以杨乐、张恭庆等院士为首的中国数学会，团结全国同人，和海外华人数学家一道，扎实工作，承办了2002年国际数学家大会。

希尔伯特说过：一个伟大时代的结束，不仅促使我们追溯过去，而且把我们的思想引向那未知的将来。"中华民族是擅长数学的民族"，"中国人的能力是不需要讨论的"。华罗庚和陈省身用铿锵有力的语言，道出了炎黄子孙复兴数学大国历史地位的潜力。"推行数学的机械化，使作为中国古代数学传统的机械化思想，光芒普照于整个数学的各个角落。"这在高科技时代已经成为21世纪中华民族对世界数学的伟大贡献。世界著名数学家丘成桐出任"中国科学院晨兴数学中心""中国高校数学研究与高等人才培养中心"第一届学术委员会主任，众多海外留学生和华人数学家纷纷回国工作或做学术交流，这使我们看到中华民族强大的凝聚力和炎黄子孙赤诚的爱国心。这不禁使人回想起南开数学研究所成立之际陈省身深情的话语："我把最后一番心血献给祖国，我的最后事业也在祖国。""我要为中国数学的发展鞠躬尽瘁，死而后已。"他耄耋之年还以强有力的后劲，为祖国、为科学在微分几何的新园地里劳碌、耕耘。他说："数学仍在不断地陶冶着我。"这位20世纪伟大的几何学家，名副其实地"一生事业在畴人"。

（作者：张洪光）

周炜良
一位极富创见且涉猎广泛的数学家

周炜良

(1911—1995)

周炜良，一个代数几何的现代史上无法抹去的名字，一个代数几何的研究者无法避开的名字。由于少有巨大的荣誉加之其上，所以，它并不为中国的平常百姓，甚至数学界的一些学者所深刻了解，然而它所代表的数学成就并不会因此而受到忽视，这个名字自在的荣誉已远远超出了其主人应得的任何奖励。

一、家世与生平

周炜良的祖籍在安徽东至县（原建德县）的纸山坑周村。9世纪末期，这里曾出现过一个令人仰慕的家族。这一家族在崛起之后至20世纪中期的岁月里，为中国社会的不同领域培养出了许多杰出人物[1]。这一家族中的周馥，是周炜良之曾祖父。周馥曾历任山东巡抚，两江、两广总督，一度名震江南。由于周馥思想开放，推崇

1　除本文提及的周馥、周学海、周达（明达）、周炜良外，周氏家族还培养出了许多名人和学者。如周学熙，我国近代北方财界的实业界的代表人物；周明逷（叔弢），我国现代著名政治家、实业家、收藏家，曾任天津市副市长，全国政协、人大常委；周明泰（志辅），我国戏曲史专家，20世纪40年代末移居美国；周明焯（志俊），我国近代著名实业家，曾任青岛市政协副主席、山东省政协副主席和全国政协委员；周煦良，我国著名的外国文学翻译家，早年留学英国，1932年获爱丁堡大学文学硕士学位，回国后先后任暨南大学、四川大学、上海光华大学、武汉大学、华东师范大学和北京大学教授，曾担任过上海作家协会书记。

"洋务"，为中国的文化教育、民族实业和对外交流做出了较大的贡献。

周炜良的祖父周学海，在36岁时得中进士，补扬州府同知，主司河防事务。后因业绩卓著，迁浙江候补道员。为官期间，周学海好读医书，潜心研究，终于成为一代名医，并编著有三集本《周氏医学丛书》。

周炜良的父亲周达，字美权，数学家、社会活动家、资本家和邮学家。周达青年时期生活于扬州，创办有我国最早的数学学术团体——知新算会。周达曾两次访日，并被日本东京帝国大学数学物理学会选为会员。辛亥革命前后，周达迁居上海，开办实业，并积极从事科学活动，是中国数学会的创建者和赞助人之一。他还以"周今觉"闻名于邮学界，被称为"邮票大王"。

周炜良于1911年10月1日出生于上海，为周达的幼子，排行第三。他自小随父在上海长大。由于周家具有丰厚的财力，可以延请家庭教师，因而周炜良根本用不着去学校读书，只要在家中便可接受必要的科学和文化教育。通过家庭教师的辅导，周炜良很快熟悉了中国的语言和历史文化。在父亲的影响下，周炜良对数学也情有独钟。得益于家族开明的观念，周炜良于1928年初踏上了留美之路。先后在肯塔基州的阿斯伯里学院和肯塔基大学学习政治与经济。但是他很快发现自己也许更适合学习数学，于是在次年转入芝加哥大学选修数学课程，并于1931年在该校取得学士学位，次年获硕士学位。

为了在数学方面得以发展并有所建树，从芝加哥大学毕业后的第二年，周炜良去了格丁根——当时世界上最大的数学研究中心之一。然而不幸的是，在那段时间里，德国所发生的一些政治事件严重影响了他在格丁根的居留。但是他并没有就此放弃追求数学真理的初衷，而是改道莱比锡，去追随数学大师范德瓦尔登，从而在1933年成了莱比锡大学的一名学生。

由于受德国的政治环境影响，格丁根的数学中心地位在那时已经开始衰落，代之而起的是另一座城市——汉堡。"讲座十分精彩、兴趣相当广泛"的年轻教授阿廷便是这个新兴数学中心最具魅力的代表人物之一。为了向阿廷请教和学习，周炜良曾一度生活在汉堡，当然，这是德国的大学体制所容许的。

在汉堡的岁月里，周炜良结识了两位对自己一生十分重要的人物。其一是当时刚刚来德留学的陈省身，两人自此结成知交。陈省身是周炜良婚礼上受邀的唯一一位中国宾客。其二是一位年轻的女士玛格特·维克多，两人于1936年7月结成连理，并相伴终生。

1936年夏，周炜良在莱比锡大学获得博士学位，随后便同新婚妻子一起回到了阔别多年的祖国，开始在当时的中央大学（南京）任数学教授。然而时不足一年，卢沟桥事变爆发，中国自此沦入战争之中。无奈，周炜良只好回到上海，赋闲在家。1937年之后的上海，充满了血腥与屠杀。由于连年战事，周炜良不得已逐渐停止数学研究工作，但他与生俱来的数学天赋和后天修得的数学功底并没有就此磨灭。

抗战胜利后的1946年，周炜良与陈省身在上海重逢。在陈省身的鼓励与帮助下，周炜良的数学生命很快便获得了奇迹般的再生。他先是应上海同济大学之聘担任了一年数学教授。1947 年 3 月，又应普林斯顿高等研究院之邀，到美国从事数学研究工作。继之在 1948 年秋，受聘于霍普金斯大学。在霍普金斯，周炜良担任了十多年（1955—1966）的系主任之职，负责霍普金斯出版的美国最悠久的数学刊物《美国数学杂志》，同时着手创建了霍普金斯代数几何学派，吸引了众多的数学名家来此从事研究或访学，其中包括井草准一、桑普森、沃什尼策、德沃克、阿布罕克、韦尔、扎里斯基、兰格、小平邦彦等。格罗滕迪克和其他人赞许地将周炜良领导的这个学派与扎里斯基领导的哈佛代数几何学派相提并论。

1977 年，周炜良在霍普金斯退休，成为荣誉退休教授。其后，他便过起一种简朴、恬静的生活，偶尔也应邀参加一些大型的社交聚会，间或在自己喜欢的餐馆约请几位朋友聊天。周炜良和玛格特·维克多有 3 个女儿，他们拥有一个幸福美满的家庭。

1995 年 8 月 10 日凌晨 2 时许他平静地逝去，留下了人们对他永久的怀念。

二、工具与方法

周炜良是一位极富创见、涉猎广泛的数学家。他的专业是代数几何，他对这个领域里的一些重要分支都有研究，不仅发明创造了卓有成效的研究工具和方法，而且开拓发展了众多的思想理论。在这个领域之外，他也不乏建树。

周炜良在研究数学的过程中，为代数几何的诸多领域创造性地提供了不少十分有用的数学工具与数学方法。其中最值得提及的是周型与周坐标。周型与周坐标的创立是周炜良于1937年在德国完成的,这是他在数学方面的第一件工作,也是他最有影响力的工作。

在他与范德瓦尔登合作的一篇论文中,周炜良给出了周型的构造。设射影空间的一个退化的子空间 U 与一个给定的 d 次 m 维族 Z 相交,其 d 个交点的坐标是 U 的格拉斯曼坐标的代数函数。通过选取该代数函数的一个对称函数,可以得到一个齐次多项式,这就是 Z 的周型。周型的系数即周坐标。

可以看出,周坐标是格拉斯曼坐标的自然推广。某高维向量空间的一个子空间可以由一个相关阶的矩阵来刻画。该矩阵的子阵中阶数与子空间维数相同的方阵便构成了子空间的格拉斯曼坐标。格拉斯曼坐标给出了格拉斯曼簇在射影空间中的一个嵌入。现在,如果想研究某向量空间的某维射影子空间中给定次、给定维的簇系统,就必须用周坐标来代替格拉斯曼坐标。

周型与周坐标具有十分广泛的用途。它曾一直是周炜良进行代数几何,特别是代数簇相关研究的有力工具。后来,在20世纪50年代初期,周炜良把周坐标用于生成除子的最小定义域,并在给出局部分析等价性标准后,用周型来研究代数簇。在1952年的一篇论文中,周炜良应用他的周型,补充了皮卡尔簇的井草准一超越构造。20世纪50年代后期,周炜良又用周型简化了扎里斯基关于连通性的证明。

由于周型具有优越的构造性,故此周坐标对于研究普通代数几何、阿拉克洛夫理论以及丢番图帖合都具有重要的作用。基于周坐标所定义的簇高，可以与兰格、内龙、菲利蓬等通过内蕴非射影方法构造的其他高相比较。周坐标在阿拉克洛夫理论中被王斌深入运用。另外，周坐标还被陈省身、韦廷哥尔用来证明阿贝尔定理逆命题的李猜想。

周环是代数几何中的又一重要的工具与方法。在 1956 年，周炜良定义了代数簇上闭链间的有理等价概念，并为这些类定义了交叉积，这样便可得到周环。周环是一种具有单位元的、结合的、交换的代数结构。周环具有很好的函子性质，即在两代数簇之间存在一种模射，使一个中闭链的原象也是另一个中的闭链，并且此运算与相截和有理等价性都能够相容。

相交理论是代数几何中一个基本问题，周环在研究这一问题时，表现出许多优点，故而得到广泛应用。在拓扑学中，相交理论对于同调环成立。而周环之于代数几何正如同调环之于拓扑学。如同其拓扑对应一样，周环已被证明在代数几何中是基本的。周环常被用以导出陈（省身）类，进而证明各种黎曼–罗赫定理。使用周环，甚至可以解决著名的韦尔猜想。

周炜良在阿贝尔簇代数系统理论方面所创造的概念及思想方法也具有深远的影响。他发表于 1955 年的两篇论文，深入研究了阿贝尔簇中不依赖于参数变化的部分，并将其明确定义为不变部，这一概念势必要被其他人在关于阿贝尔簇的进一步研究中多次使用。概念提出后的第四年，兰格与内龙证明了定义在函数域 K 上的一个阿贝尔簇 A，它在 K 中的有理点群以不变部为模是有限生成的。这是莫德尔–韦尔定理的一个相应形式。

周炜良的这两篇论文还给出了定义在 K 的扩张域上的阿贝尔簇能够定义在域 K 自身上的条件。周炜良的这一思想启发了兰格，很快便被兰格推广，从而所有的簇都被给出这样一个标准，而不仅仅局限于阿贝尔簇。

三、理论与进展

代数几何是解析几何的进一步深入与扩展，主要研究域上的多元方程组的解集合，即代数簇。随着抽象代数的创立，代数几何的研究得到了蓬勃发展。在这个数学领域中，曾先后涌现出一批代数几何学名家，如普吕克、庞加莱、皮卡尔、凯莱、阿廷、范德瓦尔登等。周炜良在继承这些数学家的工作并发展代数几何理论方面做出了重要贡献，与他们同样具有不可替代的历史地位。现代代数几何的各个分领域内有不少定理都是以周炜良来命名的。

首先，必须提到的是，在解析对象的代数性方面，周炜良投入了较多的精力，并取得了突出的成就。其中最有名、影响最大的是关于射影空间解析簇的周定理。正是该定理以及前面讲到的周坐标，使他成为数学界一个众所周知的人物。

假定讨论的基本域是复数域，射影空间解析簇的周定理指出，射影空间中复解析子簇实际上是代数簇，而且所有闭解析子簇间的半纯映射一定是有理映射。有关该定理的论文于 1949 年发表在《美国数学杂志》第 71 卷上。这是对刘维尔定理的一个绝妙的推广，而后者本身又是所谓代数基本定理的推广。周炜良对该定理的原始证明基于代数数论的思想。定理揭示了代数几何与代数数论彼此之间的类似之处。

射影空间解析簇的周定理还反映了由局部性质向整体性质过渡的深刻结论，在代数几何学领域备受重视，成为一些学者发展新理论的出发点。1969年，周炜良再次回到类似问题上，在齐次簇的关系中证明了亚纯映射是代数映射。1986年，周炜良将这一理论推广到了任意基本域上的抽象情形，终于完成了完善这一理论的关键性工作。

其次，值得介绍的是，在环上的代数几何方面，周炜良做出了不少开创性的工作。20世纪50年代后期，由于研究代数簇或解析簇的需要，加之来自数论的推动力，域上的代数几何开始向各种环上的代数几何扩展，如研究局部狄德金环、p-进环和更完备的诺特局部环。周炜良从几个方面对此扩展做出了贡献。

1958年，周炜良将贝尔蒂尼定理推广到局部整环，从而为代数簇局部基群的研究铺平了道路。1959年，周炜良推广了扎里斯基连通性定理并简化了其证明。扎里斯基根据自己提出的全纯函数的代数理论，证明了连通代数集特定化的一般连通性定理。周炜良则只用到一些更为简单的代数几何技巧特别是周型，便证明了连通性定理在任意完备的诺特局部整环上的一个推广。用以界定射影簇的齐次理想是非混合的，如果它没有嵌入素除子。1964年，周炜良证明了在适当的一般性条件下的环合并中，两个非混合理想的塞格雷乘积仍是非混合的。早在1952年，周炜良与兰格合作，证明了亏格大于等于1的曲线模型和在非退化归约下离散赋值环上的阿贝尔簇模型的唯一性。1958年，周炜良同井草准一合作，证明了在相当广泛的一类诺特局部整环上的上同调的上半连续性。

　　此外，在齐次空间的研究方面，周炜良也取得了一些鲜为人知的成就。关于齐次空间的射影嵌入，周炜良将阿贝尔簇射影嵌入的莱夫谢茨-韦尔证明拓展到了任意群簇上齐次空间的情形，从而唤起了人们对射影构造的兴趣。周炜良还有一篇论文涉及齐次空间的几何学。该文的主要目的在于用几何性质来描述群的特性，其中有一条典型的定理说：极系空间的任何双射保近变换连同自身皆属于基群的一个变换，只要空间的阶大于 1。论文考虑了双有理几何。在这篇论文中，周炜良通过巧妙的计算来处理所谓矩阵射影几何，他的论述可以推广到更为一般的情况。阿廷称其为射影几何最精彩的进展之一。1986 年，退休之后的周炜良还在《数学发明》上发表了一篇名为《齐次空间上的形式函数》的论文。

　　需要说明的是，周炜良的代数几何工作远不止这些，他在关于辨群、簇的基群、有理剖分、簇的实迹等研究方面，也都有所论述，并不乏创造与贡献。

　　最后，不可不提的是，1939 年，周炜良在国内极其艰苦的条件下完成了一篇关于一阶线性偏微分方程组的论文。该论文推广了关于热力学基础的卡拉西奥多里定理，建立了一条微分系统的可达性定理。论文实际阐明了一个向量场集合的积分子流形与其生成的李代数的积分子流形的等价性。这已被广泛认作非线性控制论中的周定理，并且成为研究非线性系统中可控性问题的基础，在控制论中具有十分重要的作用。

四、性情与爱好

周炜良生性淡泊，不好功名。由于周型第一次出现在周炜良同范德瓦尔登合作的论文里，因此，它们有时也被一些数学家称为周-范德瓦尔登型。另外，周型的思想多少有一些来源于凯莱，故而一些数学家也将它们称为凯莱型。对此周炜良从不在乎。他自己称周型为典范型，并将所有的叫法都简记为 C- 型。

陈省身曾在扎里斯基的支持下提名周炜良为美国国家科学院院士，但由于他对此表现得并不十分积极，故而最后也便没有什么结果。1959 年，他被选为台湾"中研院"院士，但他也从未参加过研究院的任何活动。1955 年，霍普金斯大学曾力邀他接替数学系主任之职。他起初无心接受，只是在后来获准只在下午去系里，并可以主要通过电话而不是信件来处理系里的事务时，才答应就任。

周炜良虽然不喜交往，但面对亲近且熟悉的朋友十分友善健谈。1957 年夏，他与阿布罕克彻夜长谈中国和印度的文化比较。自幼在家中所受的传统教育使他对中国文化颇有修养。由于阿布罕克那时正在练习瑜伽，因此，他们还共同风趣地讨论做瑜伽和研究数学哪个更好。在一些更为随意与亲切的场合，他还向朋友们谈起他于 20 世纪三四十年代在国内的生活情况，有时也谈论一些子女教育问题。周炜良虽然十分支持约翰逊大社会方案，但他的家庭观念十分传统。对于小女儿放弃职业律师的职务而专心操持家务的做法，他十分赞同。

在学术研究与交流方面，周炜良自由开放、谦逊和蔼。在他所领导的霍普金斯代数几何研究群体中,他算是一位资历较深的年长者,但是他能平等地与每一位研究者交流,大家都把他当知心朋友看待。他甚至常常将自己尚处于朦胧状态的数学思想方法坦露给其他研究者,以期引起共同的讨论。朋友们目睹他如何把这些朦胧的想法升华为漂亮的定理,都被他开阔的思路和绝妙的几何直觉折服。

周炜良不仅是一位伟大的数学家,而且具有十分广泛的爱好。首先,从一定程度上来讲,他可以算是一位华邮权威,他在集邮方面还曾出过一本书。据井草准一回忆,作为一个邮迷,周炜良不仅在数学家中,而且在专业集邮者中都广为人知。周炜良对集邮的爱好,显然是受了父亲周达的影响。1923年的一个秋天,周炜良小病住进了一家医院,为了排解寂寞,父亲在医院附近的一家花摊上买下一包杂色邮票送给他玩。从此父子两人都迷上了集邮。其次,周炜良对建筑设计也十分专长。20世纪50年代后期,居住在麦迪伍德大道的他曾设想自己建造一所房屋。他四处考察,买好了地皮,精心设计,绘好了图纸,却始终没能找到一家愿意与他合作的建筑公司,因为任何一家建筑公司都不可能与一个比他们更了解建筑的客户签约。

(作者:王 辉)

吴文俊

从拓扑学到数学机械化的数学界泰斗

吴文俊

(1919—2017)

吴文俊是少数几位有国际声誉和重大影响力的中国数学家之一，不过在国内，他似乎一直默默无闻。2001年2月，当国内首届"国家最高科学技术奖"颁发给吴文俊和袁隆平时，袁隆平和他的杂交水稻早已名满天下，而记者在争相报道吴文俊时，却发现原始材料少得可怜。其实，吴文俊获大奖，已经不是第一次，而是第八次了。国际、国内的大奖只是向公众和媒体传达了一个信息，吴文俊的工作很重要。但是，判断吴文俊的工作有多重要，还是要看行家的评判。吴文俊获得的第一个大奖是1956年中国颁发的首届国家自然科学奖一等奖。当时获一等奖的只有3人，华罗庚、钱学森、吴文俊。华罗庚、钱学森的大名在当时已经屡屡见于报端，他们获奖的确在意料之中，可是吴文俊的名字有多少人知道呢？而且他获奖的工作"示性类和示嵌点的研究"对于大多数数学家来说，至今也还是说不清道不明，更不用说一般平民百姓了。吴文俊虽然在国内名气不大，但在当时国际数学界尤其是领头人物当中，却非常知名。美国著名数学家、国际数学联盟第一届主席斯通在1961年的文章中讲到新中国的数学时，写下这样一段话：虽然从整体上讲，中国人的贡献在数学界影响不是很大，但少数中国人被公认为是天才而有成就的数学家，他们的贡献被高度评价。作为例子可以举出，吴文俊引进的新拓扑不变量，以及华罗庚对许多复变函数论的研究。真是英雄所见略同，斯通举的两位恰巧在五年前获得数学方面两个一等奖。

当然，不管大奖小奖都会有给的不合适的地方，诺贝尔奖获得者也有几位是有问题的。但是，历史是无情的，科学上只有那些推动历史前进的贡献才是顶尖的、站得住脚的。达到这种水平的贡献也必然受到大科学家的关注。从1954年到1970年，每届都有拓扑学家获得菲尔兹奖，而获奖的大数学家汤姆、米尔诺、阿蒂亚、斯梅尔等人都在他们的主要论文中引用过吴文俊的工作。获得首届沃尔夫奖的盖尔芬德在1956年吴文俊去苏联时，就主动关注吴文俊的工作，其他东欧国家也都知道吴文俊工作的分量。说到底，吴文俊拓扑学的工作在当时已经毫无疑问是国际领先的，而不是我们现在常常讲的要在几年内赶超国际水平。吴文俊这方面的工作已成世界数学宝库中的经典，他发表于1950年的论文到2001年还有人在引用！

如果说拓扑学说到底是西方人的独创，吴文俊只是大大发展它，那么吴文俊的数学机械化则是他完全从研究中国数学史而产生的思想，是中国人自己的独创，他走上了一条与西方迥然不同的道路。这条道路显示出吴文俊特立独行的风格，他成果累累，也得到许多西方数学家的承认，正因为如此，吴文俊荣获了厄布朗奖，而这个奖本来是奖给数理逻辑方面的杰出研究者的。

一、坎坷的数学之路

吴文俊走上数学之路并不是一帆风顺的。幸运的是，他受到家庭有益的影响。吴文俊出生在一个知识分子家庭,父亲吴福同出生在19世纪末,当时正逢甲午战败,各界人士都积极思考如何救亡图存、振兴中国的问题。百日维新虽然失败,但是西学东渐已势不可挡,上海处于门户开放之地,得风气之先,新学堂纷纷上马。交通大学的前身——南洋公学就是在1896年成立的,一开始还设有小学部、中学部,吴文俊的父亲就是在这里接受新式教育,特别是打下英语的基础。当时上海是科学的中心,也是出版业的集中之地,吴福同从高中毕业以后,就在一家医药书籍出版社从事编译工作,而且有时还兼报刊的编辑工作。在当时,这种职业要求有较高的工作能力和业务水平,有时比老板挣的还多。正是由于吴文俊的父亲有稳定的工作和收入,尽管不太富裕,但生活总是有保障的,衣食无缺。吴文俊回忆起来说,他受到父亲很大的影响。正是由于生活有基本保障,他才能在家庭的支持下去搞一些自己感兴趣的东西,而不必为生活担忧。他的父亲也鼓励他努力学习,积极进取。家庭条件也对他起着潜移默化的作用。父亲的大量藏书使他从小就养成阅读的习惯,他在小学的时候已经读过许多历史和文学作品,喜欢看《儒林外史》和《官场现形记》,这对他不喜欢"学而优则仕"以及官场作风有一定影响。他也读过《胡适文存》之类的书,表明那时他已经有一定的思想水平。

相对而言,吴文俊的小学和初中教育比较一般,按部就班。数学是一门在少年时代就可显示出兴趣和才能的课程,但是,吴文俊在小学和初中期间并没有显出对数学的偏爱。很长时间,他只是对物理感兴趣。按照他自己的选择,他也许会选择物理而不是数学。

少年时期他只是读那些自己感兴趣的书。

高中时期对青年人的成长至关重要，吴文俊也不例外。他说，在高中阶段，他打下了数学的基础，同样，英文也是在这个时期才达到自由运用的境地。

在初中，吴文俊学习数学并不困难，但还谈不上主动，而在高中，学习数学已经变成一件十分有趣、十分主动的事。这时成绩优秀自不在话下，他学的东西远远超出课内所要求的，而这才是真正意义上的学数学。

事情来自高中一位几何老师，他是福建人，也许是因为口音或是因为教学无法，很不受学生欢迎。不知什么原因，他看上吴文俊，就要求他把课外书上的习题做一遍。这些远远超出课堂要求的习题，却吸引吴文俊冥思苦想。平面几何要求学生有非凡的创造力，它需要奇思妙想，也许正是这个把学生分成两半，多数人应付而少数学生越解题越有兴趣，一发而不可收。吴文俊就属于后者，越难越吊起胃口，非解出不可。这往往是走向数学的第一步，通过巧招解出一道难题的喜悦是一般人体会不到的，它同时也推动人向更高峰攀登。

不过，他的兴趣始终在物理方面。一个偶然的因素才使他走向数学。在吴文俊高中毕业那年，学校提出要设立3个奖学金，资助3名尖子生上大学，但是由学校指定大学及系科去报考。学校指定吴文俊报考交通大学数学系。当时学费昂贵，没有奖学金，普通家庭一般负担不起，因此，吴文俊就这样走上学数学的道路。

交通大学是我国著名的高等学府，尤其以工科著名。吴文俊于

1936年入学，这正是交通大学在中华人民共和国成立前最辉煌的时期。这一年，在学人数达到创纪录的710人。但是，1937年紧随着卢沟桥事变之后，日寇入侵并占领上海，交通大学迁往内地，留下来的迁往租界上课，学习生活很不稳定，有时三、四年级在一起上课。

长期以来，大学数学课没有什么变化。一年级是同物理系、化学系学生一起上，主要是微积分。除此之外，也要学国文、英文、中国通史，也要学普通物理、普通化学，还要一起上实验课。这对不喜欢动手的吴文俊来说是个难关，免不了要出差错。他比较受益的是德语，大学的学习使他打下阅读德语书的基础，这对他后来的发展很有好处。到了二年级，有些老师讲课照本宣科，让学生不知所云。教材也偏重计算而少理论，吴文俊越发感到索然无味，甚至产生辍学的想法。

本来已经对数学感到厌倦的吴文俊，在大学三年级，听了武崇林所讲的实变函数论的课，对数学特别是实变函数论产生莫大的兴趣。这成为他的数学生涯的一大转机。

如果说大学一、二年级的数学学的都是19世纪中期以前的经典数学，那么现代数学则是从20世纪初由几位法国数学家建立的实变函数论开始。实变函数论的基础是勒贝格等人建立的测度论，而测度论的基础是康托尔只手建立的无穷集合论。所谓现代数学可以说很大程度是建立在这个集合论的基础之上的。正是集合论—测度论—实变函数论指向现代数学的康庄大道。而19世纪中叶以前的经典数学是无法到达这种境界的。

"师傅领进门，修行在个人。"如果吴文俊只是按部就班地听课、做习题，那是根本无法打下现代数学的基础的。吴文俊的方法可以说是完全靠自学。

吴文俊对这个方向产生兴趣之后，在课下废寝忘食地攻读经典著作。当时，他求知欲旺盛，吸收力强，很快就打下坚实的基础，在有了实变函数论的基础之上，很快进入康托尔的集合论，进而钻研点集拓扑。20世纪初正是点集拓扑学的黄金时代，出版了一系列经典名著，最著名的有德国数学家豪斯道夫的《集论大纲》，至今这还是一本经典，后来的发展都来源于此。此外，还有德国数学家舍恩夫利斯的著作以及英国数学家扬的《集合论》。这些书吴文俊都精心钻研过。

有了这些基础后，吴文俊更扩大战果，一直打到点集拓扑的前沿。在这方面，波兰成了这个领域的领头羊。20世纪第一次世界大战和第二次世界大战之间的短暂时期，波兰的数学突飞猛进，产生了许多国际水平的大数学家，在数理逻辑、点集拓扑、泛函分析、测度论、概率论、调和分析等领域做出决定性的贡献。这些学科的基础大都是点集拓扑。为此，波兰人创办了一所国际性的数学杂志《数学基础》，专门登载上述领域的原创论文。这些论文可以说代表这个领域的最高水平。吴文俊正是通过阅读这些论文到达当时数学前沿的，而这通过大学教育是根本无法达到的。

1940年暑期，吴文俊从交通大学数学系毕业。在那时，数学系的学生毕业后基本上没有什么出路，只有教中学。而且又是日本占领时期，对于绝大多数中国人来说，是一个十分艰苦的黑暗时期，对于吴文俊尤其如此。大学毕业后仍是美好的青春时期，大学最后两年也确定了自己的生活方向和道路。但是在国家沦亡、山河破碎的现实面前，个人的理想真可谓微不足道。实际生活的困难首先让人想到的就是养家糊口，而要找到一个挣钱的差使并不容易。经朋友介绍，他到一家中学——育英中学教书。在教中学的职位上，他深深感到中学老师生活的清贫和艰辛。他们一周要上二十几节课，收入十分微薄，为了保住饭碗，工作非常认真负责。在这方面，吴文俊也不例外。但是吴文俊还有更大的问题，他较为害羞，不擅长讲课，因此他教的课时不足，这样，他就必须兼做教务员，那是一项十分烦琐的事务性工作，而且要从早到晚盯在那里坐班。这对一位要成为数学家的人来说，不啻是对时间与生命的巨大浪费。江泽涵先生曾谈过，大学毕业后，干两年中学教员，那就什么都捡不回来了，而这样的事，吴文俊整整干了5年。

二、大转折

1945年8月15日，日本宣布无条件投降。饱经劫难的中国人民，终于结束了这个最野蛮、最凶残的帝国主义长达14年之久的欺辱和蹂躏，迎来了最后的胜利。世界的历史发生了重大的转折，从此，"战前"和"战后"再也不能等量齐观了。

原来在沦陷区交通大学的教职员工成立上海临时大学，恢复正常的教学秩序。这时，吴文俊开始走上大学的讲堂，开始了一生至关重要的转折。

1945年到1947年是吴文俊迈上新台阶的第二个两年黄金年。

第一个两年黄金年是大学三、四年级时期，他由极为普通的大学数学课程通过自修达到当时数学的前沿，但是，5年的停滞对于任何未来数学家来说，都可以说是致命的。幸好，命运之神再一次向他招手，短短两年时间，他完成了三次转折，这三次转折为他铺下数学家的成功之路。

第一次转折是由中学走向大学。这时，他的授课负担一下子减少一大半，开始有足够的时间继续数学研究了。同时，大学的环境与中学完全不同，他又有可能接触最新的资料，同时，他也结识了一些当时国内最好的数学家。他的朋友赵孟养以及其他数学家也给他新的消息，当时正招考中法留学交换生，他考上了，这成为他的第二次转折。也是通过赵孟养和其他人的帮忙，他进入中央研究院数学研究所，受教于陈省身，这成为他的第三次转折。经过这三次转折，他已经稳稳地踏上数学研究的道路了。

对吴文俊事业影响最大的是陈省身。陈省身于1946年4月回到上海，但并没有直接到北平就任清华大学教授，而是留在上海筹备中央研究院数学研究所，这对中国数学发展至关重要，而对吴文俊来说，这的确是千载难逢的大好机会。

吴文俊经赵孟养介绍，同他的朋友钱圣友一起去见陈省身，当时，他有点担忧，亲戚给他打气，说陈先生是学者，只考虑学术，不考虑其他，不妨放胆直言。于是他同陈先生见面时，就直率提出想去数学研究所工作。当时陈省身不置可否，但送他出门时说："你的事我放在心上。"果然，陈省身慧眼识英才，不久就通知他去上班。这一决定使吴文俊走上了数学研究的道路。

当时数学研究所筹备处规模很小，在岳阳路几个单位中只占据一座楼的第二层，最大的一间供会议与报告之用，次大的一间是图书室，吴文俊的工作地点就在图书室内，其他人分居其他各室。吴文俊很喜欢学习，他总是在图书室阅览书刊。有一次，陈省身来图书室，就同他说，你该还债了，意思是，不要只看书，要想问题写文章了。吴文俊的确也是爱思考、富于创见的人，但他的基础主要还是点集拓扑方面的。一次他把自己这方面的研究结果给陈省身看时，陈省身立即指出，你的方向不对。正是陈省身这句话扭转了他的研究方向，使他真正走上代数拓扑学的康庄大道。

在当时，代数拓扑学已有 50 年历史。正是战后 10 年，由于包括陈省身和吴文俊等人在内的努力，这个当时的"灰姑娘"才变成数学的"女王"。刚刚从普林斯顿回国的陈省身敏锐地感到代数拓扑学是未来数学发展的领头羊，而且必将成为影响其他学科的主流学科，因此迅速地决定把这门学科普及中华大地。1946 年下半年，陈省身每周讲 12 个小时拓扑学，为年轻学子打下基础，听讲的年轻人不少就成为著名的拓扑学家，特别是吴文俊、陈国才、杨忠道、王宪钟、张素诚、廖山涛等几位。

一旦方向找准，吴文俊以他非凡的智力很快就取得突出的进步。"初生牛犊不怕虎"，吴文俊这时研究的问题是示性类理论的基础——惠特尼的乘积公式。这个公式是惠特尼在 1940 年提出来的。惠特尼是美国数学家，是微分流形理论、示性类理论、奇点理论的奠基者，1981 年荣获显赫的沃尔夫数学奖。1935 年到 1936 年，瑞士数学家施蒂费尔和惠特尼各自从不同途径提出了示性类，由此开创了示性类理论，他们的示性类也由他们的名字命名，称为施蒂费尔-惠特尼示性类。初期对它们几乎没有什么了解，也不会计算。惠特尼乘积公式是一个最基本的公式，但是惠特尼只能证明最低维的情形，他在1941年说，一般公式的证明极为困难。刚刚入门的吴文俊凭着非凡的胆识及创造，毅然去攻这个难题。当然，道路不会是一帆风顺的。1947年春天，陈省身到北平清华大学去教课，曹锡华和吴文俊同行，他们同住在清华大学的一间宿舍里。吴文俊每天攻关到深夜，睡觉时觉得证明出来了，早晨一觉醒来又发现错误，于是继续攻关，如此反复多次，最终获得成功。这时距离他到数学研究所还不到一年。这充分显示了吴文俊的实力，吴文俊的这篇著作已成经典，在现在示性类理论中，它成为公理，是整个理论的基石。

在北平待了两三个月，他得到考取中法交换生的消息，于是赶回上海，准备去法国。他在大学时已经自学法文，能够流利地阅读法文数学文献。但是听、说又是另一回事。当时他也参加了几次法语口语班，但是没有坚持下去。到了法国，对日常生活，吴文俊能勉强应付，至于数学讨论班，他大致听得懂，没问题，这多少也有点儿天赋。他同数学家私下交流时大都用英语，沟通没有困难，因此在语言方面问题不大。

1947年暑期，考取中法交换生的40名学生到南京集训。其间，法国文化参赞手头已有陈省身的推荐信以及H.嘉当准备接收吴文俊的资料，自然把他派到当时嘉当任教授的斯特拉斯堡。这位文化参赞多少有些糊涂，于是他一股脑儿地把4位学数学的学生以及一位学理论物理的金星南都派往斯特拉斯堡。其余的大都去巴黎。

暑假以后，吴文俊就不去数学研究所筹备处上班了。他这一年的经历的确初步打下研究数学，特别是代数拓扑学的基础。正是因为有这至关重要的一年，他才能到法国学习，与国际接轨，走到数学的前沿。

三、法国四年

吴文俊到法国原是跟 H. 嘉当，这是因陈省身的推荐，嘉当回信表示接收，于是，吴文俊来到斯特拉斯堡。但当吴文俊到斯特拉斯堡时，嘉当已去巴黎任高等师范学校教授，因此，他就换了一位导师 C. 埃雷斯曼。埃雷斯曼也是布尔巴基学派成员，他的博士导师是 H. 嘉当的父亲 E. 嘉当——当代数学大师，微分几何学的领袖人物。埃雷斯曼的博士论文主要研究格拉斯曼流形的同调群，而它则是后来示性类研究的基础。埃雷斯曼有不少原创性的思想，例如纤维丛、近复结构、导网叶形等，对整个数学至关重要，对吴文俊后来的工作也有一定影响。

吴文俊到了法国，一开始对当时布尔巴基式的抽象很不习惯，也十分不理解，有些不适应。经过埃雷斯曼等人的指点，吴文俊很快就知道，他所习惯的具体对象与他们所讲的抽象结构是如何对应起来的，很快搞清楚抽象名词背后的具体内容。这道关一破，吴文俊就像过去一样，很快就取得了跳跃式的进步。到了 1948 年，他已经取得一个又一个的成果。按照当时的习惯，学生一般难得见到导师，有一些成果之后，他才向导师汇报，如果结果很好，导师就会建议他送到《法国科学院周报》上发表。有一次，吴文俊把他做好的一些工作告诉埃雷斯曼，埃雷斯曼说："很好，你可以写成文，送到《法国科学院周报》上发表。"然后，吴文俊说"我还得到了一个小结果，是关于近复结构的。"出乎吴文俊意料的是，他这个自以为不太重要的结果，得到了埃雷斯曼的称赞，并说这个结果极为重要，要他马上写出来先行发表。吴文俊先生后来回忆起这件事，评论道："这才是导师应该起的作用，分清主要的问题和次要的问题。"实际上，流形上是否存在复结构是当时大家关注的中心问题。而复结构存在的必要条件是近复结构的存在。近复结构的存在是一个拓扑问题，正好是吴文俊研究的突破所在。通过示性类，吴文俊证明四维实流形存在近复结构的条件，特别是他证明 S^{4n} 不存在近复结构。这个问题的解决在当时已经引起注意，英国的顶尖拓扑学家 J. H. C. 怀特海写信来了解情况。特别是当时拓扑学界的大权威霍普夫知道吴文俊得到若干个惊人结果之后，以为靠不住，于是对埃雷斯曼"兴师问罪"，以为这是吹牛。不久，霍普夫亲自来到斯特拉斯堡，见到了吴文俊，两人就坐在大学校园的石桌旁谈起来，到了最后，霍普夫完全信服吴文俊的证明是正确的。他十分高兴，邀请吴文俊到他所在的苏黎世理工大学访问。

1949 年年初，吴文俊已经取得足够多的成果。埃雷斯曼提出，可以把它们集中在一起，写成博士论文。于是吴文俊用了不到半年时间，把它们整理成博士论文，于 1949 年 7 月答辩，获得法国国家博士学位。但由于导师希望修改之后再出版，因此出版一再拖延，当校样寄来时，吴文俊已在回国的船上。这样吴文俊的博士论文直到 1952 年由厄尔曼出版社出版。没有想到，在这三年期间，无论是纤维丛—示性类理论，还是代数拓扑的其他方面，都获得了飞跃发展。吴文俊的博士论文没有发挥应有的更大影响，但是成果已通过其他渠道，传播到世界主要的数学中心。

1947 年秋天，吴文俊应 H. 嘉当的邀请，到巴黎法国国家科学研究中心做研究工作，先任助理研究员后升至副研究员。

在巴黎期间，他在示性类方面又上了一个新台阶。简单说，主要是得出著名的吴文俊公式。这个公式完整地解决了施蒂费尔-惠特尼示性类的理论问题，其中一个结果是证明该示性类的拓扑不变性。现在公认这个结果为汤姆所证，但是，吴文俊最先证明最主要的情形的 W_2 拓扑不变性。这是在 1949 年年底得出来的。他的手稿没有发表，他就把结果告诉汤姆，汤姆很快就得出一般结果，即所有施蒂费尔-惠特尼示性类均为拓扑不变量，于是，吴文俊进一步得出该示性类的明显公式，即将微分流形 M 的示性类表示成具体公式，其中只包含 M 的上同调环以及斯廷洛德平方运算。这就是著名的吴文俊公式。由于上同调环和上同调整运算都是同伦不变的，因此施蒂费尔-惠特尼示性类也是同伦不变的，从而自然是拓扑不变的。更重要的是，1956 年多尔德等证明，施蒂费尔-惠特尼示性类的所有关系都由吴文俊公式导出，吴文俊公式自然处于核心地位。

在吴文俊回国之前，各个数学中心传扬着这位年轻人的工作。有人说，这是数学特别是拓扑学的一次地震。而引发这次地震的是在法国工作的 4 位年轻数学家，他们是这样排序的：塞尔、汤姆、吴文俊、A. 博雷尔。塞尔是菲尔兹奖也是沃尔夫奖的获得者，汤姆是菲尔兹奖的获得者，A. 博雷尔后来是普林斯顿高等研究院的教授。他们都是公认国际一流的大数学家。由此可知吴文俊在当时国际数学界的知名度。1951 年，普林斯顿大学的聘书寄到巴黎，这时吴文俊已经在回国的船上了。

四、数学研究所

吴文俊回国后，先在北京大学教了一年书，后来参加思想改造运动，到 1952 年年底，才到了 1952 年 7 月成立的数学研究所，开始自己独立的拓扑学研究。

吴文俊在 1953 年到 1957 年研究拓扑学，可以说这是他第二个五年拓扑年。与第一个五年拓扑年不同，这次他完完全全是独立进行自己的研究工作的。前一个五年，他或多或少受到其他数学家的影响，陈省身、埃雷斯曼、H. 嘉当，而且幸运的是，这些影响都是积极的、正面的。他与同龄人的交流对彼此也有好处。而现在，他几乎是一个人独自闯关。他还很年轻，30 岁出头，可是他得完完全全地独立工作，像一位成熟的数学家那样开拓自己的方向。这时，他不指望任何人的指点与帮助，也没人能指点他，因为他已经站在前沿，前面的路需要自己去摸索。在这种情况下，许多人可以躺在过去的成就上，或者在原有的基础上小改小革，做点小的改进，也能应付下去。但吴文俊不这样，他要与时俱进，开拓新方向，探讨新问题，而且更为突出的是，他不随大流，甚至说有点"反潮流"。

当时的拓扑学正好处于黄金时代，20 世纪 50 年代短短 10 年产生一系列大突破，当时国际数学大奖只有四年一度的菲尔兹奖，单是这 10 年的拓扑学就造就了 5 个获奖者。拓扑学成为大热门。许多结果与吴文俊的成果有关。

但是，身处中国内地，所能交流的只有苏联、东欧等社会主义国家，而在 20 世纪 50 年代，由于法国学派和美国年青一代的努力，这些国家的拓扑学已大大落后了。吴文俊只能自力更生，走出自己的路。他看到当时所知道的大多数拓扑不变量，如同调群、上同调、平方运算、同伦群等都是同伦不变量，那么有没有非同伦不变的拓扑不变量呢？这是一个全新的课题。在塞尔等人在同伦论取得大突破，大家都拼命跟着享用由此获得的大批成果时，谁会钻这个冷门呢？恰巧吴文俊真的这么干了。

一到数学研究所，吴文俊就确定自己的战略方向。1952 年，他去数学研究所做了一次报告，对当时的拓扑学做了一次全面分析。在报告中，他针对同伦性问题提出了拓扑性问题。代数拓扑学发展早期，许多著名的重要问题大都是拓扑性的，但由于拓扑学中出现的主要工具，例如欧拉示性数、贝蒂数、挠系数、同调群、上同调环、基本群、同伦群等都是同伦性的，具体说是同伦不变量，当然也是拓扑不变量，但这些工具对拓扑性问题往往无能为力，因而从 20 世纪 30 年代以来，拓扑学的发展转而集中于同伦性问题，特别由于塞尔等人的突破，许多原来不能计算的同伦不变量，现在也可以计算了，更使同伦性问题成为当时拓扑学发展的主流。在这个问题上，吴文俊明显地表现出他的不随大流的"反潮流"的独创精神。

吴文俊在报告中重新提出拓扑性问题，而且他创立一般方法系统引入非同伦不变的拓扑不变量,特别是 n 重约化积。有了新工具之后,他用它去研究各种拓扑性问题。当然,一切都要经过试验,试验中也有问题不能用这种办法解决,但是,在嵌入问题上取得了辉煌的成功,系统地建立了示嵌类理论。在嵌入问题取得成功之后,他又用来解决浸入问题和同痕问题。

1957 年,吴文俊把他的理论整理成书,在数学研究所油印成册。其后由于"大跃进"工作停顿,1964 年将此书修订后,总结于《多胞形在欧氏空间中的嵌入,浸入及同痕》一书,1965 年由科学出版社出版。前两本均为英文,中译本《可剖形在欧氏空间中的实现问题》一直到"文化大革命"结束时才问世,但是其中主要结果在 1958 年前均已做出。

在数学研究所 5 年间,吴文俊另一项工作是关于庞特里亚金示性类的拓扑不变性问题。吴文俊在系统完成施蒂费尔-惠特尼示性类的工作之后,自然考虑庞特里亚金示性类的同样问题。但庞特里亚金示性类问题要难得多,许多问题还没有解决。吴文俊研究时,只有庞特里亚金的一个简报(1942)及一篇论文(1947)。庞特里亚金的主要论文是俄文的,他在法国就是靠字典一个字一个字查看明白的。吴文俊在写博士论文时,首先系统地建立庞特里亚金示性类的理论,并确定庞特里亚金示性类与陈省身示性类之间的重要关系。庞特里亚金原来用的同调,吴文俊首先把它改造成上同调,并对其里腔分解作了一系列简化。值得一提的是,庞特里亚金示性类的名称也是由吴文俊首先提出的,这些基础工作后来得到世界公认。

吴文俊回国后，希望能证明某些庞特里亚金示性类的拓扑不变性，但是，当时工具不多。他首先用自己的拓扑不变量证明模 3 类的拓扑不变性，后来又用新的上同调运算证明模 4 的拓扑不变性，其后又推出某些庞特里亚金的模 p 组合的拓扑不变性。

1958 年，吴文俊应邀来到阔别 6 年半的法国。当时他的博士导师埃雷斯曼已去巴黎任教，于是自然成为接待吴文俊的东道主。在巴黎，他报告了他在国内独立创立的示嵌类的工作，并做了一系列的讲演，受到普遍的关注。在听者中有瑞士数学家黑夫利格尔，他受到吴文俊的影响，后来在嵌入方面做了出色的工作。

埃雷斯曼听了吴文俊的工作后十分惊喜，说"没想到你做出来如此出色的工作"。当然，他们不了解，在与世界隔绝的新中国，也能出现像吴文俊那样的不亚于法国同行的独创性结果。这时，吴文俊的工作真正处于国际领先的地位，许多人跟着他的步伐前进。

五、突破逆境

"文化大革命"对于科学家和中国科学事业是一场灾难，对吴文俊也不例外。但是，吴文俊与常人不同之处在于，他能够突破逆境，变坏事为好事，化腐朽为神奇。当吴文俊从法国回国时，国内形势已经大变样。从"大跃进"到"文化大革命"，在近 20 年的折腾当中，吴文俊仍然在许多新领域有所创造，特别是在对策论、奇点理论、拓扑学、布线理论以及代数几何学等领域，还进行了大量的数学工作。而最重要的是，在"文化大革命"后期，他完成自己研究方向的巨大改变，通过中国数学史走向数学机械化。

1958年，吴文俊首先改行学运筹学，学新东西难不倒他。运筹学中只有线性规划在国内有所发展，但还有其他几个分支尚待开发，吴文俊先是学习排队论，学过一段时间以后，又改学对策论。在对策论方面，他花了两年多时间。吴文俊是在中国首先引进对策论并首先做这方面研究的人。

对策论又称博弈论，公认为由大数学家冯·诺伊曼奠定基础。对策论或为一门独立学科的标志是冯·诺伊曼和奥地利经济学家摩根斯坦合著的《对策论与经济行为》在1944年出版。从书名来看，对策论与数理经济学密切相关，显然，这种经济学是资产阶级经济学，这在当时的中国是讳莫如深的。而对策论如果脱掉经济学的干系，却是一门由数学家建立的数学分支，在运筹学蓬勃发展的20世纪50年代被纳入运筹学这个大家庭中，借着运筹学的庇护，进入"理论联系实际"的数学领域。

对策论有一个基本定理：二人对策的极大极小定理。这个定理是对策论的基石，冯·诺伊曼在1928年首先给出一个完整的证明，其后他又给出另外三个证明。而第二个证明是用拓扑学中熟知的布劳威尔不动点定理。而这正好是吴文俊理解对策论的切入点，也是他研究的出发点。与此相反，排队论则完全是另外一套新概念，和他没有任何共同语言。

找到了共同点，吴文俊很快就上了路。1959年年初，他的第一篇对策论论文《关于博弈理论基本定理的一个注记》发表，这是中国第一项对策论的研究工作。

同时，他还写了一篇普及性文章《博弈论杂谈：（一）二人博弈》，深入浅出地介绍了基本定理的证明。在这篇文章中，他第一次明确提出"田忌赛马"的故事。这篇 1959 年的论文，也第一次道出中国古代思想中的对策论思想。当时，他对中国数学史可以说还一无所知，可是，他已经在西文数学文献的海洋中分析出其核心的思想以及中国古代的先进思想。这也说明他后来对中国数学史研究并非出于偶然。这篇文章之后，本应有（二）（三），但是遗憾的是，后面的文章从未发表。

吴文俊善于抓住一门学科的主要问题，不能不让人佩服。对于这门过路的课题，吴文俊虽然认为自己的工作微不足道，可是还是抓住了发展的主题，留下了自己的痕迹。原来冯·诺伊曼主要讨论的是合作对策，而其后对策论的一大突破则是纳什的非合作对策。现在纳什已经家喻户晓，甚至是上了电影的人物。可是在 20 世纪 50 年代，纳什的工作并没有多少人跟着做，纳什本人也转向纯数学的研究，并在吴文俊走向这个领域时精神失常。但吴文俊看到了它的重要性，写了两篇非合作对策的论文，一篇在 1961 年发表，另一篇写后给他的学生江嘉禾看，江嘉禾指出有些小错，于是两人合作发表。吴文俊在活动区域受限制的情况下，利用角谷不动点定理的推广，推广了纳什定理。在一般情况下，均衡点未必存在，吴文俊等人还引进"本性均衡点"的概念，它具有更好的性质，即没有本性均衡点的对策，多多少少是例外的情形。

纳什这位数学家的杰出思想，经过数学家与经济学家的通力合作，在 20 世纪 60 年代到 70 年代成为与经济现实密切联系的工具。到 20 世纪 80 年代，对策论早已跳出运筹学的范围投入经济学的怀抱，成为经济学的一门主课。大部分对策论工作是在经济系做的。

在冯·诺伊曼和摩根斯坦的奠基性著作《对策论与经济行为》发表 50 周年，诺贝尔经济学奖发给纳什和其他两位经济学家，奖励他们在非合作对策方面的奠基性工作，这再次肯定"离异"很久的经济学和对策论再度"联姻"。对策论成为经济学大家族的正式成员。

正是由于纳什不可思议的再度辉煌，沿着纳什路线稍做改进的吴文俊等的工作也受到关注并被引用。

六、从中国数学史到数学机械化

55 岁对于一位数学家来说，一般已经过了最好的时期，的确可以躺在过去的成绩上享清福了。吴文俊再次不同于常人，他开始了"第二次长征"：从中国数学史过渡到数学机械化，而这与他前期的研究可以说毫无共同之处。

"文化大革命"发展到 1974 年已经 8 年了，数学研究所的业务工作稍有恢复。吴文俊开始对数学史进行探讨。他发现以西方为主的数学思想成为主导数学及数学史研究的中心，而对中国古代数学完全视而不见、置之不顾。这使他很气愤，从此开始对中国数学史进行正本清源式的清理，结果做出一系列的重大发现，而且进一步概括中国数学与西方完全不同的特点。这一下子扭转了中国数学史研究的方向，给数学史以很大的冲击。1986 年，吴文俊被邀请在国际数学家大会上做 45 分钟的报告，报告汇集了他 12 年的研究结果。许多年后，他对中国数学史仍在进一步深入研究。

1976年10月,"四人帮"的破灭标志着"文化大革命"的结束,中国迎来科学的春天。吴文俊可以全心全意投入科研,毫无后顾之忧了。于是他开始一整套新计划——数学机械化。

吴文俊的数学机械化思想不是一时心血来潮,而是长期思考导致的战略转变。他认清计算机的出现对人类工作和生活的巨大促进,更认识到计算机对未来脑力劳动机械化的潜在影响。要知道,当时还没有微机,微软也刚刚建立,没人想到10年之后、20年之后的变化。吴文俊想得更远,他不仅看到体力劳动的机械化,更高瞻远瞩地看到脑力劳动的机械化。而数学正是最纯粹的脑力劳动。脑力劳动的机械化当然从数学做起,数学的两大任务是证明定理及计算。数值计算不成问题,问题是如何把证明化为符号计算并且由计算机实现,这就是数学机械化的中心思想。

大部分数学定理是不能机械化的,但是这不是全部,吴文俊必须做出一个示范,从简单但并非平凡不足道的问题入手,他从平面几何开始,在1976年年底取得成功。

不可否认,在1976年年底至1977年年初,科研环境稍有改善,但人们的思想还远未解放。长期以来,西方数学在数学领域占主流地位形成一种思想定式,对于"标新立异"之作持怀疑态度。不可否认也有一些人"妄自菲薄",而吴文俊早就知道,站在国际前沿的数学家什么样,他在这个圈子里待过,在国内工作时也做出国际领先水平的贡献,尤其是中国数学史告诉他在16世纪之前,中国数学优于西方。尽管有种种议论,也有一些数学家是支持他的,例如数理逻辑学家胡世华和调和分析专家程民德等,尤其是关肇直,对他更是全力支持。关肇直在1979年年末成立系统科学研究所，就声称吴文俊愿意搞什么就可以搞什么。不幸的是，关肇直于1982年11月去世。此后在很长一段时间中，吴文俊几乎是孤军奋战。1984年他取得系统的成就，并得到国外的广泛注意。大约同时，他开始招收研究生，就这样影响一点一点扩大。研究机械化的成员只是系统所一个小研究室——基础室的一小部分。

这一次又是重复拓扑学情形。从1979年起，吴文俊几乎年年出国，他的数学机械化许多成果已经享誉国际，这引起许多科学家的注意，特别是程民德先生等都及时地把吴文俊的工作在国际上的反响反映给领导。另外，日本搞的第五代计算机虽然吹得沸沸扬扬，最后以失败告终。这是由于他们在理论上及实际上没有稳固的基础。吴文俊的数学机械化理论上是可靠的，方法是可行的，这恰巧是人工智能方面最为重要的。这样，吴文俊的方法也受到国内外研究人工智能方面人士的注意。在这种情况下，从科委、科学院这一级开始对吴文俊的数学机械化研究进行有效的支持，其标志就是1990年8月数学机械化研究中心正式成立。20世纪90年代成为吴文俊研究兴旺发达的10年。

比起拓扑学，吴文俊的数学机械化思想更具有革命性。它包含丰富的内容，这里只能概括一下要点：

1. 解决问题的普遍框架。首先，将任何问题化为数学问题；其次，将数学问题化为代数问题；最后，将代数问题化为求解代数方程组的问题。当然，这个普遍框架每一步不一定行得通，但一旦行得通，问题就化为求解代数方程组的问题。

2. 求解代数方程组是数学上极为困难的问题。在理论上属于代数几何学。但是，西方数学难以建立有效算法来真正去解这个方程组。而吴文俊方法恰巧能有效地做到这一点。

3. 由于理论的可靠性及方法的可行性，产生许多重大的应用，理论上自动推理，例如由开普勒定律推出牛顿万有引力定理，在实用上，解决力学、物理、化学、机器人、连杆设计等一系列问题。

在1999年5月庆祝吴文俊八十寿诞之际，张恭庆发言指出，吴文俊是中国数学界的一面旗帜。这句话准确地概括了吴文俊学识、工作、人品及思想各个方面。

（作者：胡作玄）

谈家桢

充满智者魅力的遗传学界楷模

谈家桢

（1909—2008）

谈家桢先生是一位中等身材、胖体型、慈祥而豁达的老人。他穿着得体，合乎身份又不显浮华。他戴着一副金丝边框眼镜，一派学者风度，总给人一种干练、清新、精神的感觉，说起话来一口浓重的"宁波官话"。他谈锋甚健，思路清晰，观点鲜明，言必有中。他感情丰富，富有同情心，但爱憎分明，喜怒形于色。当遇不平、不公、丑恶之事激动时，声如洪钟，声色俱厉，极具感染力。平时待人接物，不论是对熟人或生人，有社会地位的或是刚出茅庐的小青年或一般的服务员，他不卑不亢，均以热情、真诚平等相待。

谈家桢之所以受到中外朋友和学生的敬重和爱戴，是因为他的人格魅力。谈家桢的一生是"求是""求实"的一生。他为事业始终不渝，不改初衷；面对挫折和逆境，锲而不舍又顽强抗争。他热爱祖国，忠于人民，追求真理，不断开拓。这种人格力量能穿透地域的距离和年龄上的差距，深深地铭刻在他的朋友和学生的心中。

一

1909年9月15日（农历八月初二），谈家桢出生于浙江宁波的慈溪。他的祖父是个世传的银匠。父亲却没有继承祖业，自小在家乡的一个杂货铺里当学徒，后经人介绍，在邮政局里当一名小职员。母亲杨氏心地善良、勤劳刻苦，一生饱受封建礼教压迫。

6岁那年,谈家桢在当地上私塾,12岁毕业于教会办的道本小学。那时,其父执意要谈家桢弃学经商,赚钱养家。谈家桢则坚决要求继续上学。亲戚见谈家桢天资聪颖,在旁劝说,其父才勉强同意。

1921年,谈家桢进入宁波斐迪中学。有一次,外籍教员要他回答"人是谁创造的"。谈家桢说:"我信科学。虽然我现在还不能回答这个问题,但相信科学一定能正确地回答它。"

1925年,谈家桢转学到浙江湖州东吴第三中学高中部。当时正值"五卅"运动前后,谈家桢血气方刚,经常与同学一起抨击社会弊病,他曾被同学推选为高中部学生领导人,组织并带领同学上街游行,开展反帝爱国运动。

1926年,谈家桢以优异的成绩毕业于东吴第三中学,并被学校免试保送苏州东吴大学。在选择专业上,他曾想攻读平时基础好的数学,但由于对生物学一直有浓厚的兴趣,最后选择了生物学专业。

1927年,北伐取得胜利。国民革命形势激励着全国各界爱国人士,又一次激起了谈家桢在中学时期的那股爱国热情。他积极参加学校的罢课和驱逐反动外籍教员运动。谈家桢套用当时流行的"打倒列强"的歌曲,把4名反动外籍教员的名字编进歌曲中,借以讽喻。歌声响彻校园,搞得这几个外籍教员狼狈不堪。校方迫不得已,同意了学生的要求。

大学三年级时,美籍教员特斯克讲授的"进化遗传学与优生学"课,对谈家桢日后以毕生精力从事遗传学研究产生很大影响。

那时，他结合课程内容如饥似渴地阅读了一批关于进化论、遗传学和优生学等方面的书，特别是读了达尔文的《物种起源》，顿觉豁然开朗，多年来求解"人是谁创造"的问题，在这本书里找到了明确的回答。这时，他天真地想到，动植物有个育种问题，人是否也如此呢？如果应用遗传学原理可对人种改良，那么就可脱掉中国人"东亚病夫"的帽子。这也许就是谈家桢"科学救国"思想的萌芽。

谈家桢学习勤奋，三年半修满了四年的学分，于1930年夏毕业，并获得理学学士学位。在四年级的时候，他就当了他所崇敬的特斯克的助教。在此期间，他一面阅读学校图书馆的藏书，充实自己的知识；一面在桃坞中学兼任生物学教员。他还主办东吴大学1930届年刊，自任社长，并走向社会，义务办学，兼任东吴大学青年会创办的惠寒小学校长，免费招收贫穷孩子入学。这一时期，他生活上虽然紧张清苦，却感到很有意义，特别是主持惠寒小学的工作更增强了他的社会责任感。他在这些活动中锻炼了自己，对日后成为一名积极的社会活动家起了很大的作用。

谈家桢的刻苦好学、勤奋上进和敏锐的思想给东吴大学生物系前主任、我国老一辈昆虫学家胡经甫教授留下了深刻印象。1930年秋，经胡教授推荐，谈家桢成了燕京大学李汝祺教授的研究生。李先生早年赴美留学，曾在著名细胞学家、实验胚胎学家E.B.威尔逊教授和经典遗传学创始人摩尔根教授的指导下，从事果蝇发生遗传学的研究，1926年获博士学位。同年回国后，他先在复旦大学任教，翌年应聘任燕京大学生物系教授。李先生是当时燕京大学唯一一位从事遗传学教学和研究的教授。

谈家桢的研究课题由胡经甫先生提出。胡先生要求谈家桢以亚洲瓢虫为实验材料,进行色斑遗传规律的研究。这可能与胡先生毕生从事昆虫学研究有关。李先生也同意这个课题。就这样,在以后一年半时间里,谈家桢天天与这些小昆虫打交道。经常一天工作十五六个小时,夜以继日,从不得闲。在这一年半时间里,他完成了一篇具有相当学术水平的硕士论文《异色瓢虫鞘翅色斑的变异和遗传》,并通过答辩,获得了硕士学位。

李先生很喜欢这个学生,欣赏谈家桢为人热情、乐观,做什么事情都有一股韧劲儿的品行。师生关系融洽无间。在以后 60 年里,尽管李汝祺和谈家桢各自历经沧桑,但无论在个人关系或事业上,始终互相尊重、互相支持,成为一对尊师爱生的典范,在学术界传为美谈。

李先生非常推崇摩尔根老师,谈家桢也非常崇敬这位遗传学的泰斗。谈家桢希望有朝一日能成为摩尔根的学生。按照李先生的意见,谈家桢把硕士论文拆分成各自独立成篇的 3 篇。其中《异色瓢虫鞘翅色斑的变异》和《异色瓢虫的生物学记录》与李先生联名发表在《北平自然历史公报》上。另一篇题为《异色瓢虫鞘翅色斑的遗传》是整篇硕士论文的核心部分,经李汝祺教授推荐,直接寄往闻名遐迩的摩尔根实验室。

摩尔根审阅了谈家桢的论文,甚为欣赏这位中国青年研究者的才华。他把论文转交给他的助手杜布赞斯基教授。杜氏是国际著名的群体进化遗传学家,其创建的综合进化理论对生物学的发展做出了卓越的贡献。他原在苏联的亚洲地区采集过瓢虫,也曾想利用瓢虫的色斑多态性进行遗传规律的研究,但一直未能如愿。当他看到谈家桢关于这方面的论文后,十分高兴,直接给谈家桢写了一封热情洋溢的信,同时也表示自己对这个课题极感兴趣。后经摩尔根和杜布赞斯基的推荐,这篇论文在美国发表。经过一段时间的通信,双方相互之间有了更深一步的了解。谈家桢希望能到摩尔根实验室深造,摩尔根和杜氏也有让他来攻读博士学位的想法。这样,谈家桢赴美一事就顺利地定了下来。

1934年,谈家桢告别了母亲和新婚夫人,只身漂洋过海,来到人地两生的美国,成了摩尔根的"入室弟子"。

那时候正是染色体遗传学的全盛时期。谈家桢决定开辟以果蝇为材料的进化遗传学研究领域。

也就是在那两年里,他在研究上取得了丰硕的成果。他利用果蝇唾液腺染色体研究的最新成果,分析了果蝇在种内和种间的结构和变异情况,探讨不同种的亲缘关系,从而深化了对进化机制的理解;同时还进行遗传图的研究和绘制工作。他单独或和法国、德国等国的遗传学家合作写成了10余篇论文,先后在美、英、法、德、瑞士等国家的科学刊物上发表。1936年,他的博士论文《果蝇常染色体的遗传图》通过答辩,27岁的谈家桢获得了哲学博士学位。

谈家桢的刻苦治学精神及做出的优异成绩赢得了导师、同事的爱戴和尊敬。导师盛情邀请他留下继续从事遗传学研究。但是,"科学救国"的志向使他坚定了返回祖国的决心。

杜氏见谈家桢决心已定,提出了一个折中方案,即延长一年时间,跟随他一起工作。在后一年时间里,谈家桢获得了博士后职位。

按照杜氏的计划,希望谈家桢再留下来按照他的研究路线搞果蝇的种群遗传学研究。谈家桢抱歉地对杜氏说:"我不能一味地钻在果蝇遗传学研究领域里。中国的遗传学底子很薄,人才奇缺。要发展中国遗传学,迫切需要培养各个专业方面的人才。我是属于中国的。"

在这同时,谈家桢通过留美同学朱正元先生及其老师胡刚复先生的引荐,收到了浙江大学竺可桢先生的聘书——聘他为浙江大学生物系二级教授。为了发展中国的遗传学事业,谈家桢打点行装,告别了导师和朋友,踏上了返回祖国的旅途。

1937年,谈家桢到达浙江大学任教授。不久,抗日战争全面爆发,战火蔓延到杭州。竺可桢校长决定全校内迁。他们曾搬至浙江建德、江西泰和和吉安,又迁徙到广西宜山、贵州遵义,最后生物系迁到湄潭的一个破旧不堪的唐家祠堂里。在这以后6年的艰难困苦时间里,谈家桢在研究上取得了辉煌的成就。他的一些重要的代表性论文就是在这段时间里完成的,同时也培养了以后在科研、教学上成绩卓著的第一代研究生。学术界称谈先生最早的4个学生即盛祖嘉、施履吉、徐道觉和刘祖洞为"四大金刚"。动荡不定的生活,给研究和教学工作带来了异常的困难。谈家桢和学生一起进行果蝇和瓢虫的野外采集和试验研究,晚上在煤油灯下对着显微镜进行观察。在竺可桢校长倡导的"求实"精神感召下,他们一步一个脚印,刻苦地钻研。1944年,谈家桢在这座破祠堂里取得了研究上的重大突破,发现瓢虫色斑变异的嵌镶显性现象。1945—1946年,谈家桢应哥伦比亚大学的邀请,赴美任客座教授。在美期间除讲学外,他对嵌镶显性现象的规律做进一步的研究,终于完成了这一新现象的理论研究工作，并在 1946 年发表了《异色瓢虫色斑遗传中的嵌镶显性》。这篇论文在国际遗传学界引起巨大反响，被认为丰富和发展了摩尔根遗传学说。被遗传学界誉为"玉米夫人"的"转座因子"发现者、诺贝尔奖获得者巴巴拉·麦克林托克，当年在美国冷泉港研究所见到谈家桢时，高度评价了这项工作，认为嵌镶显性理论的提出对她致力于玉米转座因子的研究，无疑开阔了思路，是一个很好的启发。国际遗传学界密切注视着这一位新崛起的中国遗传学家。

1946 年，谈家桢在美讲学期间读了李森科撰写的《遗传与变异》英译本小册子，第一次接触到"米丘林生物学"和"辩证唯物主义"等名词。他认真地读了这本小册子，越读越不是味儿，心情十分压抑。他想，明明是科学的问题，为什么一定要以一连串的政治术语充斥其中？中国的遗传学界如果也出现这样一个"李森科"，那将会出现怎样的一个局面呢？他不敢想下去，感到可怕。

1948 年，谈家桢代表中国遗传学界出席在瑞典斯德哥尔摩召开的第八届国际遗传学会议。会议的主持者是诺贝尔奖获得者、国际遗传学会会长穆勒教授。他在开幕词中说：在刚结束的全苏农业科学院大会（即"八月会议"）的决议上，宣布孟德尔-摩尔根主义是"烦琐哲学""反动的唯心主义""伪科学"及"不可知论"的遗传学说，并强调遗传学家信奉"米丘林主义"还是"孟德尔-摩尔根主义"，实质上是"社会主义与资本主义两种世界观在生物学中的两种意识形态的斗争"。因此，苏联关闭了细胞遗传学等有关实验室，开除并逮捕了坚定的"摩尔根主义者"，销毁了有关教科书和文献资料，消灭了果蝇，等等。这一席话使谈家桢感到震惊。苏联还拒绝派代表参加会议，显然是要抵制这样一次国际性的"摩尔根主义者"的集会。后来谈家桢又获悉，第七届国际遗传学会议的组织委员会原副主席、苏联的瓦维洛夫教授，因反对李森科的理论及他的学阀作风，这位列宁全苏农业科学院的奠基人、科学院遗传研究所和全苏植物育种研究所所长、著名的遗传学家遭到逮捕并被迫害致死。这哪里还有"学术自由""学术民主"可言呢？诸如此类的问题困扰着谈家桢，他百思而不解，心情是沉重的。他为国际遗传学界出现这种反常情况深感担忧，并对李森科其人有了进一步的认识。

在这次会议上，谈家桢被选为国际遗传学会常务理事。会后，他接受联合国教科文组织的资助，到意大利、法国、荷兰和美国进行讲学和考察。当时国内的淮海战役已经打响，全国解放迫在眉睫。鉴此情况，美国学术界的一些朋友为谈家桢回国后的处境感到担忧。他们认为不如干脆定居美国，安心从事遗传学研究。一位美国遗传学家邀请谈家桢与他合作，一起去日本联合研究广岛原子弹射线所产生的遗传效应，并许诺给予很高的待遇。在这之前，谈家桢多次有定居国外的机会但只想回国，原因只有一条，即在异国他乡决不能实现早年立下的发展中国遗传学的大志。强烈的民族意识和事业心，又一次坚定了他回国的决心。

1948年年底，谈家桢踏上了回国的旅途。当他在飞机的舷窗旁眺望东方时，仿佛看到自己的祖国冉冉升起了金色的曙光。他希冀中国的社会变得愈来愈好，希望久藏心中的抱负变成现实。

二

回国后，谈家桢仍旧执教于浙江大学。新中国成立初期，学校并不因为他是摩尔根的弟子而排斥他、歧视他。他仍是教授，还招收了3名研究生。1952年，全国院系调整后，谈家桢任复旦大学生物系主任。

年轻的遗传学在中国的发展经历着一条曲折坎坷的道路，在风风雨雨中遭受到两次灾难性的打击。

新中国成立初期，由于我们缺乏建设社会主义的经验，曾一度不加分析地照搬苏联的一套做法。在遗传学领域里，曾强制推行和灌输李森科那一套理论，打击和压制了摩尔根遗传学说和遗传学家，经验和教训是深刻的。

谈家桢在这几年里所看到、听到及感受到的现实，使他感到极度的苦恼。他以前所担心过的、不希望在中国的土地上发生的事情已成事实。他不知这种局面何时能结束。

接着，谈家桢由于在学习苏联问题上的"错误"态度而首当其冲地成为批判对象。他被迫地做了检查。谈家桢在这样的政治背景下没有丧失科学家的勇气。当时，谈家桢在政治上和学术上受到极大的压力，身为复旦大学生物系主任，却无权讲授遗传学。他不气馁、不动摇。他说，科学总是科学，来不得半点虚假，真理最终会越辩越明的。有人要他改教米丘林生物学，他宁可不教书，而去翻译《生物学引论》，宣传达尔文进化论。他坚信他的研究方向没有错。

1956年，在周恩来总理的关怀下，根据毛泽东同志提出的"艺术上不同的形式和风格可以自由发展，科学上不同的学派可以自由争论"的精神，在青岛召开了"遗传学座谈会"。这次会议是遗传学在中国发展史上的一个重大转机。会上，谈家桢等人由于受到"不打棍子，不扣帽子、两派求同存异"精神的保护，把几年来压在心里的话一股脑儿地倒了出来。他在会上就"遗传的物质基础""遗传与环境之间的关系""对遗传物质和性状表现""关于物种形成与遗传机制"等问题做了发言。经过几天的会议，他心情舒畅，觉得中国遗传学发展有了希望。那一天会餐时，谈家桢举杯痛饮，喝得酩酊大醉。会后有人到中宣部部长陆定一那里告状。陆定一的回答是："你们骂了人家那么多年，还不许人家骂你几句？"谈家桢听后气更顺了，他积极参加遗传学问题的大辩论，在报纸杂志上连续发表了不少争鸣文章。他特别提醒人们密切注视国际上遗传学发展的新动向。1953年，沃生、克里克建立了DNA双螺旋结构模型。遗传学发展到了分子遗传学的新阶段。他多次讲演和撰文介绍这门学科的发展新动向和研究成果，他是最早把分子生物学介绍到我国的科学家之一。

　　1957年3月，谈家桢作为党外代表出席在中南海怀仁堂召开的中央宣传工作会议。

　　在这场争论后的一个晚上，毛泽东指名要接见谈家桢等人。当陆定一把他介绍给毛泽东时，毛泽东亲切地握住谈家桢的手说："你就是遗传学家谈家桢啊！"接着就问谈家桢关于贯彻党的"双百方针"及在遗传学教学和科研方面的意见。谈家桢汇报了在青岛遗传学座谈会上不同学派的遗传学家各抒己见、畅所欲言的情况，以及会后在教学和科研方面出现的好的苗头。毛泽东高兴地说："过去我们学苏联有些地方不对头，应该让大家来搞嘛！"并鼓励谈家桢一定要把遗传学工作搞起来，要坚持真理，不要怕。这席话使谈家桢的思想进一步获得解放，增强了信心。

反右运动中，谈家桢曾被划为"内定右派"。1957年7月反右斗争进入高潮，谈家桢忐忑不安。就在这时，毛泽东又在上海接见谈家桢。他一见面就说："谈先生，老朋友！"又风趣地说："辛苦啦！天气这么热，不要搞得太紧张嘛！"从那以后，谈家桢的"内定右派"问题也就随之烟消云散。

在1958年1月6日的深夜，毛泽东从杭州派专机到上海，专程邀请谈家桢、周谷城和赵超构去杭州。毛泽东与他们3人在西湖畔的一个庭院里共进晚餐，一起商讨科学技术赶超世界水平的问题。4个小时的谈话，涉及的面很广，其中又谈到了遗传学问题。毛泽东反复说，不论办什么事，都要从6亿5千万人民出发来考虑问题，并希望他们不要老待在教室里、报馆里，多到人民群众中去走走听听。他问谈家桢："要把遗传学搞上去，还有什么障碍和困难？"并说："一定要把遗传学搞上去，有困难，我们一起来解决嘛！"

这次被毛泽东称为"西湖佳话"的谈话，使谈家桢思潮翻滚。他暗下决心，一定要把毛主席对知识分子寄予的希望化为动力，不遗余力地做好工作，真正把遗传学搞上去。

毛泽东第三次接见谈家桢是在1961年的五一节前夕。他一见面就问："谈先生，把遗传学搞上去，你还有什么顾虑吗？"在场的上海市委领导人说:"我们大力支持谈先生在上海把遗传学研究搞上去。"毛泽东听了高兴地说:"这样才好呀!要大胆地把遗传学搞上去,不要怕。"

这年年底,复旦大学成立了遗传学研究所,谈家桢任所长。全所设立了动物及人体遗传学、植物及进化遗传学和微生物及生化遗传学3个研究室。短短时间里,这些领域在基础理论研究方面取得了可喜的成绩。

正当工作艰难地向前发展并取得一定进展时,"文化大革命"爆发,遗传学又遭受一次灾难性的打击。

这次运动开始不久,谈家桢被打成"反动学术权威"。自此以后,谈家桢这位忠于事业的教育家、科学家尝尽了人间的一切耻辱,但他要坚强地活下去。

个人的冤屈和事业上的遭难使他痛心疾首,但是谈家桢对党的信念没有变。他对同关在"牛棚"里的昆虫学家忻介六教授说:"我跟共产党打了那么多年交道,我了解共产党,共产党也了解我。将来中国还是要发展科学,相信共产党还是要用得着我们这些人的。"他又说:"我不能死。毛主席支持我,他老人家多次要我把遗传学搞上去。我要对得起党,对得起毛主席。"坚定的信念、发自肺腑的语言,使这位昆虫学家打消了一度想轻生的念头。

后来,谈家桢被送到农村劳动改造。1968年11月的一天,他正在农田里锄草,有人悄悄地对他说,从明天起可以不用到田里来劳动了。谈家桢感到纳闷,后来才知道,这是因为毛泽东在党的八届十二中全会上说了"谈家桢还可以搞他的遗传学嘛"这么一句话,并点名要"解放"包括谈家桢在内的 8 位著名科学家。但上海掌权的一伙人阳奉阴违，拒不执行，一直把谈家桢作为"内控对象"。

1970 年，王震先后两次托华罗庚教授给谈家桢写信，约谈家桢陪王震到全国各地考察这几年的育种工作情况。王震在第二封信中明确地告诉他，已打报告给周总理，一经批下来，就可以动身，要做好准备。谈家桢及时把这两封信交给了当时的学校领导，等待批示。但犹如石沉大海，不见音讯。直到"四人帮"被粉碎后，才知道在这两封信上有他们的批示："这些老家伙，就是喜欢这样的人，不要理他。"虽然谈家桢的处境有所改善，但并没有得到真正的"解放"。

1974 年冬，毛泽东在病中还没有忘记谈家桢，让王震带来口信。王震对谈家桢说："毛主席很关心你，问这几年为什么没有见到你发表文章。"谈家桢一言难尽。他看看站在身旁的"陪同"，只向王震同志说了这么一句话："谢谢他老人家，我是要把遗传学搞上去的啊！"

1975 年，厄运又降临到谈家桢身上，他不幸患直肠癌。直肠癌切除大手术后不久，他又进行了胃切除大手术。两次大手术，元气大伤，几乎濒临死亡的边缘。当严寒过去时，谈先生已是近 70 岁的老人了。他为恢复和发展中国遗传学，追回失去的时间，以常人少有的活力，废寝忘食地努力工作。他决心在有生之年为我国的遗传学事业踏踏实实地做些实事。他开始整顿研究所，重建实验室，亲自主持制定科研规划，带领科研、教学人员为抢回已失去的时间而努力工作。他以杰出的组织才能，在培养人才，引进新思想、新技术等方面出色地做了大量牵线搭桥、铺路填石的工作。

改革开放政策的贯彻在客观上创造了条件,美国朋友邦纳教授帮助谈家桢重返国际遗传学界。邦纳是加州理工学院的退休教授、美国科学院院士、著名的分子遗传学家,后任美国植物基因公司的董事长。他不仅是谈家桢的挚友,也是中国人民的朋友,十分关心中国遗传学的发展。

1978 年,邦纳写信给谈家桢,盛情邀请他去美国参加加州理工学院生物系 50 周年纪念会,并促成了此行。这是我国自"四人帮"垮台后首批与国外进行的学术交流。在这次盛会上,谈家桢见到了老朋友,又结识了不少新朋友,并在会上做了《遗传学在中国》的报告,受到与会科学家的热烈欢迎。

会议结束后,谈家桢应邀到美国东部进行考察访问。这次访问开阔了眼界,使谈家桢感触很深。他拜访了已在分子生物学领域中做出杰出贡献的老朋友,如被称为"分子生物学之父"的德尔布吕克、20 世纪 60 年代发现三体密码的尼伦伯格、提出顺反子学说的本泽尔等科学家。特别使他有感触的是这些科学家在原有的研究领域中取得了重大突破以后,不囿于现有的领域及已取得的成就,而是高瞻远瞩,攀登更高层次,转到神经生物学方面,开展对大脑的研究。对照我国遗传学研究的现状,差距实在太大了,客观形势要求我们迎头赶上去。

生物工程在国外自 20 世纪 70 年代开始发展得很快。谈家桢决定让复旦遗传学研究所开创这方面的工作。在这次访问中,他通过老同学贝克曼的关系,与著名的贝克曼仪器公司签订了一份条件相当优惠的协定，引进了价值 20 万美元的大型精密仪器。同时，又接受了另一位老同学特里耳两次赠送约 30 万美元的生化试剂和药品。这些都为他开展遗传工程教学和研究工作创造了条件。

为了解分子遗传学在国外研究进展的动向，促进我国分子遗传学研究工作的开展，1979 年 10 月，谈家桢邀请邦纳教授、加州理工学院高级研究员吴仲蓉博士和夫人汪黔生博士访华，并为复旦大学遗传学研究所举办的"全国遗传工程分子生物学讲授班"担任主讲。全国各地来学习的学员有 250 人。这是我国第一次举办的高水平的分子生物学讨论班，它启动了中国的生物工程研究，有力地促进了我国分子生物学的发展。

此外，谈家桢还邀请海外著名学者来复旦大学做系统讲座。这些讲座大大地开阔了研究人员的眼界，推动了科研工作的发展。

之后，谈家桢与他的同事广泛开展国际性的合作项目，并与国外开展校际人才交流，先后推荐 50 余人到欧美诸国及日本学习进修。

为了迎接生命科学发展高潮的到来，根据国际上发展趋势和我国经济建设及科学技术的近期和长远需要，谈家桢和他的同人们提出创办复旦大学生命科学院的建议。这个建议被迅速批准并付诸实施。生命科学院建成后，谈家桢任院长。学院设置了 5 个系、1 个研究所、1 个国家重点实验室、1 个博士后流动站，全部配套齐全。

谈家桢是中国科学院的学部委员（现称院士）。他身兼多职，社会工作繁忙，是第五届、六届、七届、八届全国政协常委，又任上海市人大副主任、民盟中央副主席和民盟上海市主委、复旦大学校长顾问等职务。他还是中国遗传学会第二、三届理事长。

为了表彰谈家桢在推动遗传学发展及促进国际性学术交流方面做出的贡献，国外一些研究机构和高等院校授予他各种荣誉称号。1981年，他被授予日本遗传学名誉会员。1983年，美国罗斯福夫人肿瘤研究所聘他为高级研究员；同年，加州理工学院授予他"杰出校友"荣誉奖状和奖章，在这枚银光熠熠的奖章上镌刻着"真理将使你获得自由"。1984年，他被加拿大约克大学授予荣誉科学博士称号。1985年，他被选为美国科学院外籍院士。他是我国教育界第一位美国科学院外籍院士，也是继华罗庚、夏鼐之后第三位获得这一称号的中国科学家。1986年，他去美国接受了科学院院士证书，并在以林肯为第一签名者的历届院士签名本上签下了"中国·谈家桢"。1987年，意大利国家科学院授予他科学院院士称号。联合国任命他为联合国科学技术发展中心非政府性组织指导委员会委员，专事研究科学技术向第三世界转移问题，又聘他为国际开发植物利用委员会委员及联合国工业发展组织国际遗传工程与生物技术研究中心科学顾问委员会委员。他还是第三世界科学院院士。由于他对中美科技文化交流的杰出贡献，1990年，他荣获美国加利福尼亚州荣誉公民证。谈家桢以他渊博的知识、出色的组织才能，赢得了各国科学家特别是发展中国家科学家的信任和赞赏。

三

在科学园田里，谈家桢是一位辛勤的耕耘者。1932—1990年，他在国内外发表的遗传学论文与综述文章达百余篇。他主译了《生物学引论》《遗传与物种起源》，出版了《基因与遗传》《谈谈摩尔根学派的遗传学说》《基因工程》等，主编了《中国现代生物学家传》等书。

1987年，他出版了70万字的《谈家桢论文集》。文集选录了代表性论文51篇，就研究专题而言，主要可分成四大类。

第一类，是以亚洲瓢虫为实验材料进行的经典性群体遗传学研究。这是他一生中主要的研究领域。自20世纪30年代直至70年代，他独自或与学生一起发表了一系列这一研究领域的论文。

异色瓢虫鞘翅色斑变异问题一直为分类学家及遗传进化论者所注目。鞘翅色斑的遗传机制至少由19个复等位基因所制约，并表现一种特异的嵌镶显性现象，一些变种或异型突变为嵌镶杂合体，它们不能稳定地遗传。这种特殊的遗传方式最初为谈家桢所确定。接着，他经过系统的实验分析，于1946年正式提出了异色瓢虫色斑变异的嵌镶显性遗传理论。这个理论的提出，结束了研究中那种主观命名的历史。

谈家桢对异色瓢虫的色斑类型进行分类并计算在当地的色斑频率，结果表明，实际所得的结果符合理论上的假定，证明不同色斑类型可以自由交配，从而构成异色瓢虫的孟德尔群体。

谈家桢通过对许多嵌镶杂合体的测验，又发现一种嵌镶显性的例外情况，他认为这种现象可以用三体性遗传来解释。他还对异色瓢虫群体进行性比测定，结果发现，群体皆表现出同样的倾向，即雌性个体占多数。接着，发现单生雌体的母系遗传现象，这种由母传女的方式证明为典型非染色体的细胞质遗传。谈家桢又通过对我国境内异色瓢虫的 4 种常见色斑类型在地理变异和季节性变化的测验，认为，异色瓢虫表现的这种典型多态现象，除气候条件外，其他因素诸如地理隔离、特殊的生态条件，对群体的组成也不无影响。通过对色斑型频率的年代变异和季节变异研究，谈家桢认为异色瓢虫群体是小进化的范例，并认为这对研究生物进化机制很有价值。

第二类，是以果蝇为实验材料进行果蝇不同种的染色体遗传结构及遗传图研究。这一领域的研究始于 1934 年。这些研究成果是他成为摩尔根和杜布赞斯基教授的博士研究生后所陆续发表的论文。谈家桢是一位进化论者，也是一位现代综合进化论的推崇者，他在总结达尔文生物进化论的基础上，对生物进化问题做了系统的研究。随着遗传学的发展，他认为应给予进化论以新的含义。

谈家桢认为，在自然界的分类阶梯上，种是客观存在的单位，不同的种有着质的差别。这主要可以归纳为两点：第一，种间在形态上和生理上有一定的差异，其程度一般要较同种内个体间的差异大；第二，种内个体间可以自由交配、繁殖，不同种之间的个体则不能自由交配，即使交配也不能顺利繁殖后代。由此看来，种是生物进化上的基本单位，它既不同于亚种或族，因为它们仅在量上有差别，也不同于属、科等高级分类范畴，后者仅是人为的单位。因此，研究生物进化的机制，实质上是研究新种形成的机制，即新种怎样从原来的种分化出来。概括地说，进化包括三个环节：①突变为进化提供原料；②自然选择是进化的动力；③隔离是新种形成的必要条件。

谈家桢通过对果蝇的观察和研究，发现拟暗果蝇和果蝇螨在外表上非常相似，却是生理上的不同种。他发现作为进化原材料的遗传差异，在染色体畸变上，种内和种间没有质上的区别。这个论点修正了当时遗传学家普遍赞同的戈尔德施米特所主张的有种内微进化和种间巨进化差别的观点。

谈家桢在山果蝇工作中发现染色体有重复的部分，证明基因是如何在生物进化过程中通过重复和分化而演化的。

隔离是新种形成的必要条件。隔离在生物进化上有着重要作用，谈家桢曾从事生殖隔离的遗传机制研究。他设想生殖隔离的机制一般是通过遗传上逐渐分化而形成的。这与新种形成一般通过渐进式过程的事实相符。

第三类，是以猕猴为实验材料进行辐射细胞遗传学研究工作。这一领域的研究工作是从20世纪60年代初开始的。

1960年，谈家桢著文就国际上辐射遗传学发展的新动向，诸如辐射遗传学上的指标问题、辐射在遗传物质问题上的最近发展和研究成果、电离辐射在动植物和微生物选种上的应用、辐射对人类遗传学危害及其防护问题等方面做了详尽的介绍。他认为这些问题涉及人民的健康和幸福，建议对这些领域的研究应及时提到我国科学研究规划的日程上来。

在查阅大量文献的基础上，谈家桢和他的助手结合我国的国情首先确定猕猴为辐射遗传学的研究材料。这在国际上是首创。谈家桢和他的助手先后分别开展了X-射线对猕猴精子发生的效应、不同剂量的γ-射线对猕猴精原细胞和精母细胞的效应及对猕猴精子发生中染色体畸变的影响、X-射线对猕猴睾丸的细胞学效应及其组织学观察的比较研究,以及 X-射线直接照射与间接照射对猕猴精子发生中染色体畸变的影响等方面的研究。这些研究结论,为我国原子能的和平利用提供了科学根据。

到 20 世纪 70 年代末,这类研究进一步延伸。谈家桢率领他的学生和助手在国内首先从事环境化合物的毒理测试工作和有关环境诱变剂的研究。在他的牵头下,成立了中国遗传学环境诱变剂委员会。这个委员会旨在沟通国内外有关环境致突变、致畸、致癌的信息流通渠道,协调和推动国内各单位开展"三致"的测试和研究工作,为提高人口质量、保持完好的遗传基因及环境保护、食品卫生、药品检验、计划生育等部门的立法提供咨询意见。

第四类,主要是在著名的 1956 年青岛遗传学座谈会前后发表的"争鸣"性文章,反映了那个时期的工作。在当时的气氛和处境下,他介绍摩尔根遗传学说的发展与现状,强调其科学性,对毛泽东提出的"百家争鸣"方针的理解等方面进行论述,表达他对当时在学术上推行形而上学的做法不满,并为争得摩尔根遗传学说在百花园中的一席之地而呼吁。

四

70 年来,谈家桢一直没有离开过教育战线。他是一位桃李满天下的教育家,不仅有丰富的教学经验,而且有高尚的思想情操。

谈家桢培养学生抓住三点,即基础知识、基础理论和基本实验技术。他认为只有把基础打扎实了,在实践中才能较快地具有较广的适应能力和独立工作能力。即使对研究生的培养，他也是把"三基"训练放在第一位，认为这样培养人才事半功倍。

他反对家长制式的教育方法，提倡调动学生在学业上的主观能动性。他认为死死捆住学生的手脚培养不出有出息的人才。他继承和发展了摩尔根培养学生的"教而不包"的方法。他以热忱的态度尊重学生，让他们独立思考，自由发展，认为唯有这样才能发挥学生的独创性和积极性。在学术上，老师应该鼓励学生超过自己，创造条件让他们超过自己。教师的责任是引路，而不是画地为牢，把学生圈死在一个圈子里。教师应该多讲自己对问题的见解，以启发学生，但不能把自己的观点强加于学生，要让学生充分独立思考，发表不同的意见。他认为，老科学家要给青年人充分的学术民主和学术自由。在学术观点上或思想方法上，有争论、有分歧是正常的。他要求学生尊重老师但不迷信老师，更不能在学术上无原则地随声附和。他常对学生讲，今天你们是学生，明天就是教育学生的老师。一个导师如果看不到科学发展的趋势，固执己见，墨守成规，甚至阻碍学生的发展，实际上是在扼杀人才。如果教师培养的学生缺少创新精神，始终停留在原有的水平上，学科就停滞不前，社会也就难以发展，这是教育的失败。当他看到自己的学生在学术上有所建树时，他由衷地感到高兴。他深信一代必将胜过一代。

在教育问题上，谈家桢认为：教育的根本目的不是把有限的财力和巨大的物力投入到培养少数"尖子"中去，而应从整体上重视培养合格的公民。我们学校的教育，一是教会学生在这个社会上怎样做人，二是教育他们学文化、学技能，做一个合格的公民。他说，中国的建设需要大批合格的公民，需要成千上万的能工巧匠。社会有分工，行行出状元。一个国家的兴旺不是单靠少数尖子，得靠各种不同层次的人才。

谈家桢对中小学以重点和非重点之分很不满。他认为这种分类是不科学的，实际上是把学生人为地分成等级。教育部门把最好的教师、最好的教学设施与校舍分配给重点学校，而忽视了所谓非重点学校。这很不利于培养合格的公民。谈家桢希望我们的教育有一个新的局面。他说，培养人才要通过各种渠道使学生开阔视野、增长知识。一定要鼓励学生多问为什么，他提倡学生要做到"五多"：多看、多想、多听、多问和多做。总之，要让学生多观察社会和自然，多动手，多实践。同时，在科技发达的今天，学生光学科学基础知识还不够，还需在教师的引导之下学会如何处理人与人的关系、人与自然的关系，这是一种科学意识，也是合格公民所需具备的条件之一。

在这个问题上，谈家桢感慨地说：我们要继续高举"五四"民主、科学的大旗。中国要扫除几千年封建主义残余、落后的东西，就要大力弘扬民主精神，重视科学、尊重科学。教育，特别是中小学教育上不去，民主就没有扎实的基础，科学也很难得到发展。

在改革的洪流中，谈先生老当益壮，为教育、科研事业的兴旺发达提出不少建议，其中很多建议已被中央有关部门采纳。谈先生对怎样办大学也有着自己的见解。他认为现在大学的专业设置问题很多。近年，谈先生大声疾呼"理、工、农、医"结合。这就给大学教学提出了更高的要求。理、工、农、医结合的综合性教育，不仅适合我国经济调整的需要，也是符合世界科技发展的趋势。

对于大学生就读由国家统包的办法，谈先生在1982年发表了自己的见解。他认为，20世纪50年代，为了保障工农群众能上大学而实行统包，这是必要的，但在今天越来越显出一定的弊病。谈家桢建议：高等学校应尽量招收走读生，对住校学生可考虑适当收取一定费用。助学金制度改为奖学金制度，以鼓励学生学习的积极性。对那些有培养前途而生活上清寒的学生可以申请困难补助。大力提倡勤工俭学，大学生利用假期可走向社会，从事各项社会劳动，既锻炼自立能力，又解决一部分生活费、学杂费，一举两得。

与此同时，谈老还思索如何改革传统的科研体制。他设想过如何办"科技特区"。他说："建科技特区是为了突破传统的科研体制，是科研体制改革的一个尝试。"科技特区有几个特点：科技人员是流动的，采用聘请制；它是一个纯粹的科研机构，职工的衣、食、住、行由社会解决；特区将在加强与外国先进科学和技术的引进交流方面发挥其优势，吸引外籍华人投资、讲学、工作，手续简便，来去自由。科技特区建立后，将有可能在较短时间里提高我国的科学水平，促进快出人才，多出成果，缩小与国外的差距。

他两次途经香港，与有关人士商讨"科技特区"的问题。他的想法得到海外有识之士的赞赏和支持。

纵观谈先生已走过的这一条人生道路，可以这样说，20世纪70年代后期到90年代中期，是他一生中进入的又一个高峰时期。党的十一届三中全会以后，他以70岁的高龄再度奋起，焕发出年轻人都难有的活力和务实精神，活跃在国内外的学术舞台上，为中国新一代遗传学家的成长铺路搭桥、开辟道路。他不仅亲自培养博士生，同时作为科学与社会活动家超乎寻常地发挥他的组织活动的才能。他给予社会很多，社会也相应地给予他应有的回报。他身兼80余个荣誉职位，这正应验了科学界存在的优势积累的"马太效应"。科学的规范结构要求承认科学贡献，对于如谈先生这样有相当名望的科学家的特殊贡献，所给予的承认不断地大大增加。谈先生获此种种荣誉并非由于他是摩尔根的"入室弟子"或其他什么人为的原因，而是先生在科学和教育的百花园里一步一个脚印地辛勤耕耘，以及强烈的爱国热情和社会责任感被社会承认的结果。无论是先生的人品、学识还是对事业的执着追求、百折不挠的无畏精神，受此荣誉是当之无愧的。

谈先生有自知之明，人已入暮年，精力已不够，那么多的职务不可能都去顾问。但他仍然身体力行地在一些重要的决策性工作中发挥他的作用。例如，在他担任我国高科技研究"863"计划生物组组长时，他以战略眼光最早提出把基因治疗和水稻基因组顺序测定列为"863"的重点课题。这在国际上也属于前沿课题。实践证明，这些课题深入的研究和探索对我国生命科学和基因组工程发展前景有着深远的影响，并通过研究实践培养出一大批人才，推动我国生命科学水平达到了一个新的高度，也与国际生物学界的一项巨大科学工程——人体基因组图谱绘制和顺序测定计划接轨。在实践上，这样的研究和探索对于诊断和治疗遗传病，以及培育高产、优质品种，保持我国作物育种的特色等方面，都有着积极的意义。

1997年3月下旬，谈家桢出席浙江大学100周年校庆活动。事后，他在浙江考察了九源基因工程公司。这次考察使他感触很深。他预感到我国即将掀起生物工程产业化的高潮，也深感保护我国基因资源已迫在眉睫。他认为，基因就是财富，其密码一旦被破译而进行产业化生产，其科学价值和经济价值将十分巨大。我国是一个人口多、疾病多、家系多、民族多，在世界上少有的"基因资源大国"。而一些发达国家通过合作研究等方式特别关注我国的基因资源。这些年来我国基因资源流失严重。为了制止流失，保护我国基因资源已刻不容缓，应采取一些措施。他写信给党中央，谈了他考察后的感受，对加快我国基因工程药物产业化进程提出了几点建议，并获得肯定。

为了更充分发挥人才优势，加速我国人类基因组研究的进展，更好地参与国际竞争，谈家桢又提出在中国建立南北两个基因组研究中心。这个建议被中央采纳，南方基地就设在上海。在谈家桢的直接关心下，1998年"上海人类基因组研究中心"成立。中心的成立表明我国将集中资源、集中资金在人类基因组这个国际大工程研究中抢占一席之地。接着，他又促成复旦大学生命科学院和新黄浦集团合作，成立了一个"上海新黄浦复旦基因工程有限公司"，学界和商界共同携手推进人类基因研究和开发的产业化进程。

（作者：赵功民）

张香桐

严谨求实的神经生理学家

张香桐

(1907—2007)

张香桐受东方文化的启蒙，又漂洋深造，接受了系统的西方教育，可谓学贯中西、集百家之长于一身。在他身上，我们看到了一位科学工作者是如何尽可能全面客观地把掌握的文化知识应用于所从事的专业上，并取得令人瞩目的科研成果。张香桐一生致力于神经生理学的研究工作，德高望重，被推崇为神经生理学界的领袖人物之一。他是"光强化效应"的发现者，并首次证明了大脑皮层与丘脑之间存在着循环神经元网络。他的关于针灸镇痛方面的学术造诣深得海内外同行及有识之士的好评，为祖国的传统医学在海外的发扬光大奠定了基础。

一、早期思想的形成

张香桐出生于华北农村，由于条件所迫，直到 14 岁还没能在正规小学读书。但他对生活充满了希望和自信。严谨、求实、奋进的性格特点使得他在人生道路上抓住了许多转瞬即逝的宝贵机会，取得了卓越的成绩。

1927 年，风华正茂的张香桐考入了国立北平大学预科班。在形形色色的思潮中，他既没有迷茫，也没有随波逐流。在预科班的学习即将结业时，他在升本科选择专业的座谈会上这样发言："我想入心理学系。我想知道人是如何进行思维的，又是如何控制自己的行为的。进入心理学系学习,可能会帮助我解决这些问题。"后来,他发现心理学系所讲授的那些课程远不能满足他的愿望,并认识到大脑才是思维的物质基础。由此,他又把注意力转向了有关中枢神经系统领域的化学和生物学的知识方面,选修了许多相关课程。在他立志从思维的物质基础入手来揭开人类思维之谜后,就开始为此寻找各种机会深造自己。所幸当时北京大学已开创了自由学习的学风之先河,校方能尊重学生的个性发展,因而后来北京大学心理学系改组时,张香桐能通过他的积极努力及著名的实验心理学家兼神经生理学家汪敬熙先生的帮助,得以到北京协和医学院与学院学生一起上生理学课,一起做生理学实验,从而得到了一个重要的培训机会。大学四年级时,张香桐常在动物房看到刺猬对尖锐声音的一种反常的反射性行为:轻则惊慌点头,重则缩成一团。好奇心和科研直觉使得他对这种动物的听觉系统的生理学特点产生了兴趣。在接下来的实验中,张香桐初次显示了他因陋就简、就地取材、说干就干的踏实作风,用简陋得不能再简陋的仪器获得第一手实验资料,写出了论文。张香桐发表的第一篇学术论文是1936年刊载在《中国生理学杂志》上的《刺猬之一种听觉反射》。这标志着他在科学研究中迈出了第一步,也为他以后从事科研事业建立了信心。自此之后,张香桐开始了他漫长而奇特的科学生涯。

二、脚踏实地的探索

立志高远,脚踏实地,是张香桐科研风格的主要特点。科学研究离不开现实社会,科研战线的开路先锋也不一定要做离群索居者。本文没有严格按纪年形式组织章节,是为了能较好地体现张香桐与其科研环境及社会现实的默契性。篇幅所限,本文仅仅从有限的几个方面记述他的科研历程。

脚踏实地,往往意味着扎扎实实、锲而不舍。张香桐很善于在某一方面做深入的研究,由此引出一系列研究成果。1933 年,张香桐北京大学毕业后留校做心理学系助教。围绕着刺猬的听觉反射这一课题,他在神经解剖学实验室进行了对人类及各种哺乳类动物耳蜗形态学的比较研究,还拜神经组织学技师赵翰芬先生为师,学到了整套的神经组织学技术,这对他以后在科研事业上的发展起到了重要作用。此外,他通过对关于刺猬脑干内细胞核团的组织学观察与绘制写真图的工作,完成了一篇关于刺猬脑干内细胞核团的专论,在自然而然地对脑干内斜方体这个听觉中枢结构特别予以注意的基础上,写成了《斜方体的比较研究》一文。从 1934 年到 1937 年"七七"事变前后,张香桐的注意力主要放在了对神经解剖学和神经生理学技术与理论的学习上。即使在颠沛流离的战乱中也从未停止观察研究。他总随身带有显微镜和一些常用实验动物的脑组织连续标本切片,科学探求之余还乘机攻下了令医学院学生们谈之色变的神经解剖学这门课程。广博的学术知识与在听觉神经方面特殊的钻研使得他早在 20 世纪三四十年代就成为这方面的专家,为他日后在耶鲁大学航空医学研究室工作并协助解决许多这方面的国际难题打下了良好的基础。这种对某一选定的课题进行全面、透彻分析的研究方式,不仅会使人在主攻课题方面取得成果,也会让人们在相关领域的其他研究中打开局面、开拓思维与视野。张香桐的大学毕业论文是《关于刺猬的一种听觉反射》，毕业后他很快就在电生理学实验室提出了"刺猬听觉神经上的动作电位"这一研究课题，研究成果不久也发表了。在研究"刺猬的一种听觉反射"时，张香桐还发现在上、下叠体之间做横切手术后听觉反射动作不受影响，但破坏下叠体时则能使听觉丧失。由此，他找到了与听觉反射有关的输出纤维的分布情况，所写论文作为《中央研究院心理学研究所专刊》第 10 号于 1936 年发表。在这两项研究过程中，他掌握了丰富的实践经验，体会到许多重要的操作细节及技术诀窍。得益于此，他很快又在《中国动物学杂志》上发表了《大白鼠视神经的基本关联》。因为这项研究工作主要是利用染制变性有髓鞘纤维的技术去研究视神经纤维末梢在脑内的分布。而做好这一工作所代表的成就在本质上是对各个研究环节有整体的把握，在此基础上贯通各个实验环节，并对具体的技术细节和技术关键予以创造性地处理。这充分反映了他在这一领域研究上的得心应手、举一反三。正因为如此，他才能做到不照搬书上介绍的技术方法，跳出书本独立行走。张香桐这种踏踏实实获得第一手科研资料的科研习惯和对理论实践深刻领会融会贯通的独立探索风格，为他在实验电生理学的研究带来了丰硕的成果，也使他在日后的许多研究工作中受益匪浅。从某种意义上说，张先生虚心向上、严谨求实的作风使他避过了许多可能要走的弯路。从事科研工作无论是个人思维的连贯性还是理论知识的历史继承性，都有一个可持续性发展问题。如果一个科研工作者朝三暮四，即使他博学多才，涉猎甚丰，也可能由于做学问华而不实，工作浅尝辄止，而在时间、精力上造成对自身宝贵资源的浪费。因为随着注意力的不断转移,虽然研究者头脑中总有新的思想火花,不断产生新的奋斗目标,但随之而来的新的开始、新的需要往往意味着原有工作半途而废。有时想把丢下的东西从头拾起,时过境迁,已成过眼云烟。没有对研究课题真正的融会贯通,举一反三,很难独树一帜,成为一方泰斗。想做到这一点,首先要戒骄戒躁,一心向学。在这方面,张先生可称为表率了。

三、不平凡的人格

张香桐从来不忽视师长的建议与教诲。刚入中央研究院心理学研究所时,他更希望能进入电生理学实验室,但当需要他到神经解剖学实验室工作时,他就毫不犹豫地回去了。所长汪敬熙教授曾多次向他的弟子们提出忠告,认为打下坚实的神经解剖学基础是成为一名出色的神经生理学家的前提。为此,张香桐在神经解剖学方面投入了大量的时间和精力。事实证明他的这一举措是明智的。倘若他当时也有那种追求时髦、不注重基础、只求速效、热衷功名的心态,这个难得的机遇也可能会被错过去。

早在1936年8月南京沦陷前夕,张香桐所在的心理学研究所大部分成员都已携眷逃走。张香桐自告奋勇,要求留下来运送所内图书仪器。在空袭中,张香桐所在的研究所一角被炸弹击中,他本人被埋在碎石乱瓦之中,眼镜也被冲击波吸走。但他没有任何惊慌和有违初衷的念头。此后5年中,他负责协助运送中央研究院各所的数百箱图书仪器,终日奔波、辗转、迁移。耳闻目睹日寇的逆行暴施,他出于对祖国和同胞的责任感以及对国民党政府腐败无能的愤怒，决心脱离心理学研究所，北上延安，去直接面对日本侵略者。但在当时，桂林与延安之间山川险阻，千里迢迢，遍地烽火，只身无援。想达到目的，谈何容易。果然后来他行到贵阳时遇到盗匪，不得不流落街头而作罢。踯躅街头的张香桐竟然奇迹般地与已任贵阳市教育局局长的同窗好友不期而遇，这样，他又开始了在贵阳医学院的教书生活。在当时的情况下，向上的精神终于使他又一次步入了更广阔的天地。他给美国著名的神经生理学大师约翰·富尔顿的一封试探性的申请留学的信得到了出乎意料的批准。

1942年，张香桐入耶鲁大学进修，师从著名的神经生理学家约翰·富尔顿教授。二战时期，美国和中国一样，人们节衣缩食，心思都放在战争上，环境并不很适合读书进修。张香桐及时采纳了师生们的建议，通过一番努力，完成了攻读博士的入学手续。一年之后，经过仔细考虑，张香桐又向自己提出了一个挑战：提前参加一般需要两年时间才能学完的博士综合课程的考试。这是通向博士学位很重要的一步。但倘若通不过此关，则可能连博士候补生的资格都没有，对他来说，这同时也意味着回国。可喜的是，这一搏成功了。1946年，依照耶鲁大学传统的严格程序，张香桐的博士论文经由外系、外校、外院的著名专家教授组成的答辩委员会投票表决，一致通过了。论文题目是"以蛛猴之尾为例论述中枢神经系统的分段分层和部位投射"。当然，论文并不是在短期内就能拼凑成的。这主要得益于他在1943年至1945年这段时期围绕的一个主题所做的实验研究和成果积累。这个主题就是：控制有机体活动的神经系统（以人类或灵长类为主）在结构上的空间排列和功能上、发育上的时间顺序的错乱，能导致神经或精神疾患。一番心血，换来了心理学博士的高级学位和继续发展的机会。

四、珍惜人间温情

自信心和正确的方法是张香桐成功的保障。科学研究免不了要同人打交道，在这方面的能力中包含着很深的思维方法中的辩证法。与师友、同事间融洽的关系使得他在科研工作中受益匪浅。他不仅从中领略了人间温情，也避免了研究工作中一些潜在的或不必要的麻烦。可以说，张香桐的成功和他的做人是分不开的。博士毕业后，张香桐在霍布金斯大学从事博士后研究，一年后被聘回耶鲁大学航空医学院研究室工作。在这里，他接受的第一项任务是借助一些有关大白鼠在压力舱内受实验的资料，去进行关于爆炸性加压和快速减压对于内耳伤害的研究，而这恰恰是从他在一项实验报告中觉察到他人的错误开始的。原报告作者可能是把颞骨内的蜂窝状组织结构误认为是内耳迷路的一部分了。因为内耳在解剖学上主要是由充满了内淋巴液的密闭性管道系统所组成的。由于没有能因显著的海拔高度变化而导致血管破裂的可压缩气体，所以内耳出血的可能性很小。经过反复思索推断，他认为原报告中作者提供的病理组织切片照片上显示的大出血部位来自颞骨内的蜂窝状组织结构。尽管有很大把握，他还是采取了十分委婉的方式，以坦率和谦恭的态度向上司陈述了自己的观点，完全没有炫耀或嘲弄他人的意思。结果他和上司很快成了知己，也赢得了同行的信赖。张香桐就是这样巧妙地把前进中的绊脚石变成了前进的动力，体现了他思维上的辩证灵活。他从来不消极地看着不利工作的开展直到造成损失，总是通过积极的参与来摆脱困境。如在前文提到的那种耳压伤的实验研究中，作为总指挥，张香桐对两位领导人在实验操作程序上的争执甚至细节上的分歧，都采用了妥协的态度。在写论文时，凡涉及"国际制"与"英制"的计量单位时，一律两制并存。因为美国的主任从适应美国习俗出发认为高度应以英尺为单位，而意大利教授则主张以国际通用的"米"为单位。由于张香桐的努力，实验室内气氛和谐，大家齐心协力，短时期内就完成了全部科研任务。研究结果表明：在减压过程中，中耳内的空气为达到压力平衡，导致体积膨胀，耳鼓随增大的内压外凸，欧氏管被动张开，让中耳内空气外泄。而当气压逐渐增高时，外部压力压缩了中耳内的空气，耳鼓内陷，欧氏管闭锁，持续的中耳内负气压使得耳腔壁上的黏膜可能从乳突骨上剥离下来，微血管破裂，引起中耳出血，同时耳鼓也会因极度的紧张产生剧痛。这时就需要主动做吞咽动作，使欧氏管重新张开，从而平衡中耳内外的气压，避免受到伤害。这在军事上及日常生活中（如乘坐电梯或飞机等）都有重要的实际意义。

科研过程中，思维保守者往往受思维方式的影响，或者过于自信，认为别具一格是出风头、脱离本行，或者信心不足，认为可能承担的风险比可能得到的创造性收获更令人难以接受。于是宁可墨守成规，不敢越雷池一步，结果往往终生没有重大突破。与此相反，张香桐的自信体现在他对所从事的科学事业的信心上，与其科研活动的创造性思维方式结合起来，并与之相辅相成，表现为研究者与其科研工作之间的一种本能的默契。

1948 年，在耶鲁大学的生理学实验室，受已故的杜塞·德·巴仑纳教授在科研工作中的一些观察与推测结果的启发，张香桐开始对大脑皮层与丘脑之间神经元回路问题认真研究。这一实验的出发点就是与传统的理论相悖离的。因为在这以前，无论是在教科书上还是在课堂上，人们都认为丘脑是一个驿站，它的功能是将从外部环境传入的神经信息忠实地传递给大脑皮层，即认为丘脑和大脑皮层之间只有单向联系。张香桐通过对一个偶然发现的紧追不舍，发现并证明了大脑皮层与丘脑之间神经元沿循环路线的活动。在做示波器快速扫描时，他通过对观察到的大脑皮层诱发电位的初始反应后的伴随效应的再观察，发现了一个似有似无的尾巴。通过有意放慢示波器的扫描速度，发现了在原始反应后面一连串的正弦波，即继发的节律性振荡。这项工作有力地支持了当时神经生理学家们对关于记忆的物质基础的某些推测。如：中枢神经系统内循环神经元线路的电活动可能会使一个信息长期在脑内存在下去而不致瞬息即逝。新理论意味着对旧体系的否定和超越。面对接踵而来的对这一新理论的批评或反对意见，张香桐一概持以谦虚和宽容的态度。他认为："不论批评者的语言如何尖刻和不留情面，批评者都应受到尊重和感激，因为他们的动机是纯洁的，是为了帮助同行纠正错误。"

五、机遇意识与光强化效应的发现

在科学研究中，有幸得到机遇固然很重要，但如果没有准备则会与良机失之交臂而追悔莫及。在勤奋和机遇意识上，张香桐曾这样总结:"科学史上无数事实证明:如果某个人有一种新的创造发明或新的科学设想,而他本人由于种种原因未能迅速利用自己的优势以谋求进一步的发展,不需要多久,就会有人拾起这同一技术和意念,采取行动,进行研究,取得成果,抢占科学上的优先地位……因为一个新的科学意念的产生,并不是哪一个人凭空想出来的,而是当科学发展到某种程度时,人人都可能会想到的一个逻辑结果……这也可以被看作对于行动迟缓的懒惰者的一种惩罚。"不依赖他人,不被动等待,不怨天尤人,兢兢业业,踏实奋进,这种精神与科研工作结合起来,威力之大可想而知。机遇有时会以灵感的形式出现。张香桐很善于紧抓灵感的火花,将灵感转变为现实。他在约翰·霍布金斯大学的伍尔西实验室学习诱发电位技术时,在茶余饭后与人聊天时想到了一种可能性,就是通过直接电刺激锥体束引起的大脑皮层逆流电反应来考察锥体束神经元在大脑皮层的分布范围。几乎在当天晚上他们就开始了试验性实验,在取得初步成绩之后,加班加点,在很短的时间内论文就写成并予以发表了。这项研究在当时无论是从方法上还是从概念上都有很大的创建性。

在大脑皮层诱发电位的研究过程中,有一次,张香桐一个人工作到深夜,由于所使用的仪器经常出现故障,为了获得一个令人满意的电反应,往往需要对仪器反复修理调整。因此,当他想用摄影机记录一个电反应而把实验室的照明灯关掉时,这个诱发电位立即消失不见了,他怀疑是仪器出了毛病或是无意中移动了记录电极的位置。可是在重新打开灯后,反应却又重新出现在荧光屏上,与原来的图像毫无差异。于是再次关灯,准备摄影。不料诱发电位又消失无踪了。开灯以后，诱发电位又重复出现。如此反复多次，他恍然大悟，意识到视觉皮层诱发电位的出现与消失并非由于实验技术上有什么差错，而是与室内的照明情况有密切关系。也就是说，大脑皮层神经元的兴奋性可以被视网膜背景光照射加强。这就是所谓的"光强化效应"。瑞典卡罗林斯卡医学研究院诺贝尔神经生理研究所所长葛兰尼特教授在其著作《感受器官与感知》中首先把这一效应称为"张氏效应"。但张香桐对此不以为意。长期以来，人们就发现人类对红、黄、蓝三原色的反应时间极不相同。人们想知道在用红、黄、蓝三色光分别照射眼睛的情况下，大脑皮层诱发电位中三个峰电位是否会产生相应的幅度变化。这样就可能证实或否定三种传导速度不同的视神经纤维与三原色的传导有关这一假说的可靠性。由于缺少适当的实验方法，进一步的探索迟迟未能进行。光强化效应的发现为验证"三色传导"学说提供了一个难得的机会。此外，这一现象在高等动物尤其是人类的实际生活中，具有普遍的重要意义。在临床上通过采用降低视觉冲动传入总量的措施，还可以指导治疗一些精神病人和某种神经性高血压患者。

20世纪80年代，有人报道在慢性病患者身上用高频刺激外周神经引起的镇痛不能为纳洛酮所抑制，而低频刺激引起的镇痛作用可以为纳洛酮所抑制。受此启发，张香桐和罗弗苏教授等人认为，以不同频率的电脉冲刺激外周神经产生镇痛的机理也可能是不尽相同的。这又使张香桐联想到他从前研究中的假设："中央中核试验可能是一个调节控制痛觉的中枢结构""它似乎可以被看作远距离穴位镇痛作用最可能的神经生理学基础"。为验证之，张香桐等人用实验分析了刺激中央中核能否选择性地抑制丘脑内的痛敏细胞,并把刺激中央中核的抑制效应与刺激"穴位"或躯体感觉神经的效应加以比较。他们分别采用 3 种频率（4Hz、8Hz、60Hz）不同强度的电脉冲刺激中央中核,确定了对在束旁核同一个神经元痛放电的抑制效应。所得结果一致表明低频刺激较高频为优。短时间（一般持续 2 分钟）的电刺激深部神经对痛放电的抑制效应以 8Hz 的频率为最佳。"由于刺激中央中核的效应和刺激'穴位'或深部神经的效应有相似的时程,它们的适宜频率也基本相同,使我们有理由设想中央中核在针刺镇痛过程中起着重要作用。"由此可见,天才也是讲究方法的,那就是勤于思索,敏于行动,及时把倏忽即逝的天才的思维火花记录下来,并付诸实施,既不流于空想,也不止于怠惰。

六、为了祖国的强大

张香桐于 1956 年回国,任中国科学院上海生理研究所研究员,建立了中枢神经系统电生理学实验室,后来又领导建成了中国第一个神经组织培养实验室。20 世纪 50 年代末至 70 年代初正是我国的困难时期,在自力更生精神的指导下,张香桐等人土法上马,自行为中枢神经生理学实验室制作了一整套电生理学设备。再配合从国外带回来的一些必要设备,基本上满足了当时实验研究的需要。由于条件限制,他们自制的油压微电极推进器没能进一步发展下去,却给前来参观的一家日本公司老板以很大启发,使之很快制造出了占领国际市场的跃进式微电极推进器,这是值得我们深思的。

张香桐对没有得出满意结论的研究课题往往有着不懈的执着求索。在前文中提到的《斜方体的比较研究》一文，本来是张香桐在战乱逃难途中利用余暇研究脑干内的听觉中枢时成文的。由于条件的限制，当时这项研究没能继续下去。20年后，张香桐自海外回国，仍然能很认真地继续这一课题的研究，并且在1964年将研究结果在北京科学讨论会上提出报告。深厚的功底可以使研究工作在中断多年后重放光辉，这足以显示他在科研道路上脚踏实地的特点。他在早期研究中从对听觉神经的研究自然而然地延伸到了对动物耳蜗构造的探索，这项工作在他到达美国后被迫中止了。张香桐在回国后不久就又开始了"听觉冲动在大脑皮层与皮层下结构中的相互作用"的研究，提出了有重要实际意义的"同侧抑制"学说，论证了虽然来自一个耳朵的听觉信号可以进入两侧的大脑皮层，但进入同侧大脑皮层的信号对于来自对侧耳朵的听觉信号而言，不但没有做到信号增益，还会产生干扰或抑制的作用。依据这一原理，在电话通信中普遍采用了单侧耳机技术。此后，即使军用耳机也少有再使用双耳耳机的了。这样一来，不仅提高了听觉效率，而且为经济建设、增产节约做出了贡献。

张香桐对待科学的态度是十分严肃的。1956年年初，张香桐已准备离开纽约返回祖国。他需要亲自去办理护照、签证及各种证明文件，购买车船票，写联系信件等，思想、生活都很不安定。即使如此，当美国生理学会《生理学手册》编委会特邀他撰文时，他仍然应邀承担了对《诱发电位》一文的撰写，并把它作为一项严肃的科学任务加以完成。1991年，张香桐在西安与一位来自巴西的朋友间接相识，后者对能见到张香桐表示惊讶，并说："你就是《诱发电位》一文的作者吗？久闻大名啊！当我在大学读书时，我们是把你的文章当教材读的。"这对一位献身于科学事业的工作者来说，也算是一种莫大的慰藉了。

张香桐多年来主要从事的研究为：丘脑内外侧核群所接收的痛觉信息加工中枢的机能关系和神经解剖学联系、脑内已知的痛觉调整中枢的和丘脑痛信息加工中枢的机能联系等课题。多少年来，针刺镇痛现象一直是对神经生理学工作者的一个挑战。为了获得针刺麻醉的第一手资料，了解针刺镇痛的生理机制，张香桐曾于1965年5月向上海卫生主管部门申请，要求在自己身上进行一次模拟，不用任何麻醉药物，只靠针刺镇痛的左侧肺叶切除实验，按照刚完成不久的真正肺切除手术中所采取的完全一样的程序与措施，只是不真正切割肌肉罢了。他身上共插了60多根针，针刺后几天内，张香桐的左手几乎完全丧失了功能，甚至不能用它来扣扣子。面对别人的不理解，他含笑回答："以一人之痛，可能使天下人无痛，不是很好吗？"正是通过亲身实践和体验，张香桐认为针刺镇痛是两种不同感觉传入中枢神经系统内相互作用的结果。即伤害性刺激引起的传入冲动被非伤害性刺激引起的冲动所抑制，前者不能或难以达到大脑皮层，进入意识领域产生疼痛感觉。他领导的这项研究成果在世界范围内引起了广泛的关注，在美国兴起了针灸热，日本、瑞典等国也纷纷邀请他做报告。他还被聘为巴拿马麻醉学会名誉会员、比利时皇家医学院外籍院士、国际痛研究协会荣誉会员。他本人也于1978年、1979年、1980年分别荣获全国科技大会成果奖、中科院重大科技成果一等奖及 1980 年度茨列休尔德奖金。

七、回首过去，展望未来

张香桐院士 90 岁高龄时仍然精神矍铄，谈话幽默风趣。凡和他接触过的人，都能感受到他的严谨诚实和轻松明快。回首往事，他感慨良多。张香桐于 1933 年毕业于北京大学心理学系，1942 年入耶鲁大学进修，1946 年获该校心理学博士学位，1956 年回国。计有百余篇科学论文发表于国内外多种期刊上，并著有相关专著。回忆早期的研究工作时，张香桐寄语青年人："一个人在青少年时代，他的主要任务是学习，而不是过早地、过高地要求自己在科学上一鸣惊人。他应当尽可能多地学习基本知识，并掌握一些专门技术，为培植将来独立进行科研的能力，打下一个坚实的基础。"在谈到神经生理学的未来时，他认为脑科学研究从人类历史长河的跨度上来看，可谓万里征程刚刚起步，神经科学的研究任重而道远。当前许多潜科学、前沿科学的研究都和神经生理学、脑科学密不可分。半人半兽的狮身人面像象征的人的野性和蒙昧正在快速消失，因为神经科学的研究成果已使人类在认识自己的道路上迈出了重要的一步。中国神经科学学会已经成立，并被国际脑研究组织接受为团体会员。这标志着我国神经科学的发展进入一个新的历史阶段。目前，我国在神经传导与传递、受体与离子通道、学习与记忆、感觉与运动、痛与镇痛、神经内分泌、神经与免疫关系、神经发育、基因水平等的研究上都已取得喜人的成绩。今后应在注重基本理论的基础上继续发展，紧跟世界形势。还要加强多学科间的横向交流，广泛利用新技术，促进理论与应用、基础与临床之间的沟通，取长补短、共同发展。同时，还要大力培养中青年工作者，继续与有关神经科学的国际组织和科学大团体建立密切的合作关系。最后，谨以张先生在中国神经科学学会第一次学术会议暨第一次代表大会上的部分讲话内容作为结束语："……全国科学工作者团结在一起……为提高我国民族智力，保障人民身心健康，促进国民经济发展，实现国家富强，做出我们应有的贡献。"

（作者：林永峰）

鲍文奎

为绿色目标百折不挠的作物遗传育种学家

鲍文奎
(1916—1995)

一、太平洋彼岸的游子

加利福尼亚的 6 月间,加州理工学院照例要有一天在毕克曼大厅外的操场上举行庄严的毕业典礼。那一天,就像过节一样,毕业生和教授们穿戴着博士帽和表示各种学位的礼服参加仪式。对于新博士们来说,这是黄金般的时刻,它标志着荣誉,关系着前途。

1950 届生物系毕业的研究生鲍文奎,也已获得了博士学位,但他对人们热衷的这种场面表现出了独特的冷漠。在别人进入角色的时候,他却逃之夭夭,到美国东部旅行去了。

旅途间,正赶上中国自然科学工作者协会留美分会在芝加哥召开年会,鲍文奎以洛杉矶代表的身份出席了会议。会议的中心议题是动员留美的中国学生回国参加新建设。

回国,对于留学生来说,此时此刻是个重大的抉择。青年们出国留学,本来就带着各式各样的动机,转眼间,祖国发生了天翻地覆的变化,在不同人的心底也就卷起了各种新的波澜,有希望和兴奋,也有犹豫和彷徨……

鲍文奎毕业于世界瞩目的名牌大学,攻读的是生物学中最热门的专业——化学遗传学。从个人前途计,按通常的看法,这位 34 岁的年轻学者有着步登科学宝塔的极好机运。有的老师就好心地劝他继续在美国干下去。

然而，鲍文奎有自己的想法。他在家乡宁波读中学时，就与两位志趣相投的同学经常热烈地讨论拉马克、达尔文的科学思想，由此爱上了生物学。在中央大学农艺系毕业后，他到四川省农业改进所工作了7年，而后赴美深造。他愈来愈对在农业上应用当代遗传学新成就开展多倍体育种有浓厚兴趣，打算将来能以此为改变祖国农业的落后面貌贡献力量。

3年来，鲍文奎生活在高度现代化的美国，这里的确有许多令人钦佩与向往的东西，但这里也有丑恶的东西。祖国是穷的，经济和科学是落后的，但不管多么贫困、落后，她毕竟是哺育自己的祖国啊！国家愈穷，爱国者就愈感到自己责任的重大。中华人民共和国的成立，使鲍文奎看到了中华民族兴旺发达的转机。当听到成渝铁路破土动工等消息时，他深为新中国的光明灿烂的前途而激动。古老而又年轻的祖国，像骄阳一样温暖着爱国者的身心，像磁石一样吸引着太平洋彼岸的游子。

回国后研究什么课题呢？在这个问题上，鲍文奎是有顾虑的。还是在一年前，有一次他钻进洛杉矶的一家卖社会主义国家书刊的小书店，从新书中一眼望到了英文版的《论生物科学现状》。这本书详细记录了1948年8月苏联农业科学院大会的发言。就是在那次大会上，李森科宣布摩尔根学派的染色体理论是"反动的""资本主义的""伪科学"。会后，苏联等一些国家利用行政手段在生物学、农学、医学等领域举行了大讨伐。鲍文奎买下这本书，回到寓所花3天时间读完了它。李森科一类人物的霸道行为激起了他的愤慨，随后而来的又是一阵忧虑。

科学家在研究工作中，一般都有应付最坏可能的思想准备，但他们对待政治生活，往往会带着孩提时代的天真——爱往好处想。鲍文奎做了这样一个估计：李森科的风即使刮到中国，也总会再过三五年吧。若在此期间，自己的工作能有个眉目，就不怕刮风了，谁都要看事实、讲道理嘛。

决心下定，鲍文奎考虑到国内的困难，就从美国购买了多倍体育种工作所必备的药剂和设备。9月初，打点起行装，辞别了师长好友，登船启程了。

二、带甜味的日子

45000吨的远洋客轮从洛杉矶出发，划开万顷波涛，经檀香山、横滨和马尼拉，于9月19日抵香港。政府特地派人到深圳，把这批归国学者迎进广州城，又让他们自由选择工作。鲍文奎辞谢了罗宗洛先生要他去中国科学院上海植物生理研究所的热情邀请，根据自己的既定目标，选定了他3年前离开的地方——四川农业科学研究所。

成都，新中国成立还不到一年，百废待兴，困难不少。鲍文奎上班后向当时负责研究所工作的军代表讲述了自己的打算和要求。这位35岁上下的军人立即答应拨给他8万斤大米做工作经费。新来乍到的鲍文奎得到的第一个印象就是：共产党办事真痛快。

经过几个月的努力奋斗，新实验室就全副武装起来。鲍文奎一方面承担解决当地生产上的应急任务，一方面做多倍体育种研究的准备工作。

当时世界上栽培的普通小麦品种大多是六倍体,它们是历史演化的产物。从二倍体到四倍体,再到六倍体,每次天然加倍都使小麦的品质和产量大大提高。按此趋势,培育出八倍体新物种也可能会是更为理想的,它能否由人来创造呢?德国人伦波于1888年首次用小麦与黑麦杂交得到几粒小黑麦的种子。他去世后,人们惊奇地发现这些种子是经天然加倍的八倍体物种。小黑麦具有黑麦的小穗多、抗病、耐瘠薄等特点。在20世纪30年代末发现了化学药剂秋水仙精有使染色体加倍的作用之后,世界上曾一度出现培育八倍体小黑麦的热潮。但一进入20世纪50年代,终因结实率不高和种子不饱满而冷了下来,人们纷纷转向培育六倍体小黑麦。

面对这种风潮起落,科学家需要有战略眼光和决心。在鲍文奎看来,搞科学研究不能盲目地追浪头、赶时髦。他深信,培育八倍体小黑麦在理论上是站得住的;六倍体小麦已有几千年的历史,培育八倍体小黑麦还不到60年,国外科学家只培育几十个八倍体原种就匆匆得出否定性的结论是欠妥的。他决心摸索一条新路,而且从一开始就不抱短期内侥幸成功的希望,而是当作自己终生奋斗的目标:"我们这一代干不成,下一代接着干下去,一定会成功的。"

从1951年年初开始,鲍文奎带领他的小组用稻麦为材料,以小黑麦为重点,全面铺开了多倍体育种工作。11月初,他把选为亲本的小麦、黑麦种子播下地。到第2年3月,正值麦类的盛花时节,黄绿交映的株苗吸引着忙忙碌碌的蜜蜂,也吸引着勤勤恳恳的育种工作者。他们用小镊子把小麦花的雄蕊一个个去掉,把采来的黑麦花粉给小麦，操作时连大气都不敢出一口。此时此刻，育种工作者的紧张和辛苦绝不亚于手术台旁的医师，谁要以为科学工作纯粹是脑力劳动，那才是主观主义呢。

授粉之后，结出了小黑麦的果实。这种果实，还不能称为种子，它们和动物中的骡子一样，不能传宗接代。须秋天把它们盆栽起来，到幼苗分蘖时用秋水仙精溶液处理，使染色体加倍。这样他们在 1953 年获得了第一代有繁殖能力的小黑麦品系，但离生产应用还差得很远很远。存在的主要问题与国外情况一样：种子不饱满，结实率低。下一步需要做大量的杂交组合，或是用 X 光和紫外光等做诱变处理。工作量是巨大的，但只要去做，就有成功的可能性。

从实验室到地头，再从地头到实验室，蜜蜂式的紧张劳作使育种家感到满意。在后来不平静的岁月里，新中国成立初期的那段生活不断在鲍文奎的心底勾起蜜一般的回忆：爽快的军代表，安定的工作环境，纯正质朴的人事关系，可观的工作效率……

三、麦苗的政治结论

鲍文奎没有预料到，李森科讨伐遗传学的风很快就过了国境线，吹到了新中国的科学教育界，给生物学、农学和医学等领域带来了严重的困难。有些人把当时政治上的"一边倒"推衍为科学上也要"一边倒"，把摩尔根学派的遗传学理论说成是帝国主义的意识形态，在政治上具有很大的煽动性。报刊上连篇累牍地发表尽是一个调门的文章，甚至根本没有学过遗传学的某些领导干部，也在懵里懵懂地表态支持米丘林、打倒摩尔根。谁愿意被说成是美帝国主义的应声虫呢？染色体、基因等科学概念被贴上了"反动""帝国主义"等政治标签和"唯心主义""不可知论"等哲学标签，由此而株连了多倍体育种，甚至秋水仙精、X 光管等也在扫除之列。这股风又很快吹过巴山蜀水，进了成都城。

鲍文奎小组的科学工作成了政治话题。但鲍文奎总以为人们反正要看事实的，所以还能稳得住。"让人们说去，我们要拿出成果来说话。"

这时，省里的某些领导同志已把多倍体育种看作区分进步与反动的政治问题。鲍文奎毕业于美国加州理工学院，摩尔根恰恰又是该校生物系的首届系主任，问题就显得更加严重。1952 年秋，省里给农科所派来了一位叫王楚材的副所长。

在这种形势下派来的干部会怎样干呢？人们可能猜想他会根据上级的意图，下车伊始就哇哩哇啦发表一通抄报式的演说，表明自己在政治上的坚定性。拆组砍题，干净利落地把问题解决，包上边满意、下边服从。但在科学是非和科技政策上颠倒了是非，违反了政策。

王楚材并没有这样做。他来到所里后，多次到鲍文奎组里了解情况，查阅他们的工作记录和总结。三个月过去了，他把一叠材料归还给鲍文奎，同时说："我看不出有什么反动的，你们应该研究下去。"

认真做调查研究，实事求是地解决问题，这正是党的优良传统在科学战线的闪光啊！鲍文奎与王楚材素无瓜葛，一位是做学问的党外科学家，他从科学出发，想的是多倍体育种可以为人类造福；

另一位是做政治工作的党员副所长,他从党的事业出发,想的是自己的言行要对党、对人民负责。

鲍文奎从王楚材那里看到的是党的政策和期望,他自己的回答则是加倍努力地工作。在王楚材的"庇护"下,他平安地度过了一段时间。1953年收获了自己培育的小黑麦的第一代果实,还得到几种小黑麦类型的新杂种,只要再经过秋水仙精处理,就有可能再获得一些新的原种。另外,大麦和水稻等也取得了进展。

外界压力在不断加大,王楚材这样一个基层干部毕竟左右不了形势。他与鲍文奎商量,是否可以退一步,暂不用秋水仙精处理新材料,只利用已有的原种把杂交工作做下去。鲍文奎完全理解王楚材的处境和用意,只好忍痛让新材料"绝后",他不远万里从美国带回的秋水仙精、X光管等也只能任凭灰裹尘封去了。

1954年秋收之后,他们开始整地,准备冬播,忽然传来了所里的通知,要停止多倍体育种工作。时令不等人,鲍文奎心急如焚,忙找到省农业厅去说理,但不管用。鲍文奎为了工作,为了保存种子,压住胸中怒火恳求道:"请拨给我们一小块地,一切费用由我们私人负担,我们可以抽出工余时间做研究。"但是,这——也不行。

尚未播种的,不准播了;种下去已经出苗的大麦被统统犁掉了;最后省农业厅的一位秘书坐镇监督,勒令鲍文奎小组的严育瑞把盆栽的小黑麦全部拔掉。

严育瑞自1950年毕业到农科所工作以来,一直勤勤恳恳地随鲍文奎搞小黑麦。这些小黑麦是她亲手"服侍"的,每一株小黑麦都凝聚着她的心血，寄托着她的希望，紧连着她的肺腑啊！现在要她亲手去拔，止不住的伤心泪簌簌滴落下来……

11月23日，农科所领导按省里的指示，命令鲍文奎在全省农业技术会议上做检查。鲍文奎在高压之下不得不应命，但检查通不过；后来实在纠缠不起，就在第二天会议上以充分的事实陈述了自己的看法。他从苏联1954年第2期《植物学杂志》上援引了一篇关于多倍体育种研究的文章。但似乎开会的唯一宗旨就是要压倒鲍文奎，麦苗的政治结论早已做出，至于事实、道理、苏联科学界已经变化了的情况，都无关紧要。尽管鲍文奎援引本年的苏联杂志，可是会议仍旧捧出六年前李森科讲话的"本本"做判决。李森科谈到秋水仙精和X光诱变问题时说："这不是计划选种的道路，不是进步科学的道路。"不是进步的，就是反动的，反动的就必须废止、铲除。对于头脑僵化的人来说，这种形而上学的推导是最省力又最可接受的。最后，会议居然做出结论："应用秋水仙精处理多倍体是脱离实际和脱离政治的"，"是同米丘林学说相冲突的"。

鲍文奎的研究课题被"枪毙"了。支持他工作的"顶风"干部王楚材在一次大会上被省委某负责人点名批判，不久就被调离了，但王楚材的形象深深地埋在了鲍文奎的心中。

四、北京来电报了

科学家的痛苦，莫过于失掉科学思想的自由和从事科学实践的权利。鲍文奎陷入了深深的痛苦中。

今后做什么？凭鲍文奎的学问底子，他可以马上选些小题目，过一段时间,得些数据就写篇文章发表,然后再选新题目。这种游击式的研究,是许多人所不满意的,但又出于各种原因而为许多人所采用。鲍文奎还可以屈服压力而迎合"长官意志",跟着别人找个一拥而上的"热门",并且可以从国际到国内、从历史到现状、从理论到应用,说个天花乱坠;但当工作无成效和受到社会压力时,又可以推三阻四地从经济到政治、从人员到设备、从主观到客观备陈原因而溜之乎也。然而,对于鲍文奎来说,选择科研题目时,不是取决于善辨政治风向和个人的名利得失,而是取决于社会需要、客观可能和科学预见。多倍体育种并没有错,为什么不能搞呢?

在苦恼与失望中,不服气的鲍文奎决定向无产阶级革命导师的著作请教。他拿起《列宁、斯大林论科学技术工作》一书,从头认真读下去。

列宁早就讲过建设社会主义必须吸收资本主义国家的先进科技成果。在谈到专家问题时,列宁说:"要时刻记着一点,即工程师承认共产主义思想所经历的途径……是经过他在自己那一门科学方面所达到的实际成果,例如农艺学家是循着自己的途径来承认共产主义思想的……一个共产党员若不证明自己有本事来设法统一并虚心指导专家们所进行的工作,那他往往是有害处的。"多么明确、深刻,好像是针对当前发生的事情说的。合卷苦思,鲍文奎的心中亮堂起来了。用行政手段压制科学研究,甚至拔苗毁地,这绝不是党的政策。

时间已是 1955 年 5 月,如果到秋天还不能播种,已获得的材料就可能报废。鲍文奎相信王楚材式的干部在共产党内不会是个别人,党和政府是可以信赖的。他奋笔疾书,向中国科学院和农业部反映了这里发生的问题。

鲍文奎的信引起了中央宣传部和农业部领导同志的高度重视。他们迅速派人到四川调查核实并及时做了研究。他们根据党的历来政策,认为粗暴对待科学研究工作和知识分子的做法是完全错误的。

也真快,鲍文奎上书后大约只过了一个月,农业部就从北京给所里发来了电报,要所里恢复鲍文奎原有的研究工作。就这样,小黑麦种子又投入了大地的怀抱,获得了新的生机。

1956年4月,毛主席在最高国务会议上提出将"百花齐放、百家争鸣"作为我党发展社会主义文化与科学事业的基本方针。《科学通报》在6月的一篇社论中,以鲍文奎的遭遇为例,论述了在科学事业中贯彻"百家争鸣"方针的重要性和紧迫性。8月,在青岛召开了"全国遗传学讨论会",正式给摩尔根学派以合法地位。党的正确方针解除了鲍文奎身上的精神枷锁,他在一篇文章中写道:"我确信在党和政府的领导下,祖国的科学事业一定会迅速繁荣起来",并表示"决心努力争取做一个先进的科学工作者"。

五、在另一种困境中前进

1956年秋,鲍文奎与爱人严育瑞被调至北京工作。他是中国农业科学院的人,但因中国农业科学院正在筹建,没有工作条件,就暂时在北京农业大学搞研究和兼课。这就占了"两不管"的便宜,时间比别人充裕些。

客居对于科学家并不是什么坏事，科研和教学上经常进行人员交流，倒是应该大大提倡的。农业大学的领导给鲍文奎尽可能提供了各种方便，除实验室和温室等条件外，还调了一位农工杨广才同志来协助。鲍文奎和严育瑞全身心地投入工作中。到 1958 年，获得的小黑麦原种已达到 117 个。

北京农业大学在 1958 年从罗道庄迁到马莲洼，鲍文奎则回到中国农业科学院作物研究所。

处理苗子的时间快要到了，研究所里没有条件，鲍文奎在杨广才的帮助下，拆掉北京农业大学的温室，运到中国农业科学院，再由他们两个人搭起来。这样的温室谈不上讲究，但既然是温室，至少需要炉子、烟囱、煤和烧煤供暖的人。所里推说不在计划之内，无法解决。鲍文奎只好越级到院里请领。东西搞到手后，杨广才却因住在寒冷潮湿的"温室"里病倒了。鲍文奎就自己挥锹执锨做了 3 个月的"锅炉工"。

鲍文奎的课题组在好多年里工作人员既少又不稳定，鲍文奎常常是一个"光杆司令"。

1960 年春天，鲍文奎被集中到香山参加编写《水稻栽培学》。组里两亩多试验地不能没人管，他就星期六晚上赶回来，星期天大清早到地里灌水，还要央求管理污水井的工人同志加班帮忙开井。他不忍心多占用那位工人的假日休息时间，就让水流量尽量大些。他拿着铁锹东奔西跑，每次都要打两手泡。

常规的实验室都应该有自来水管道，但鲍文奎小组的那间

"实验室"里没有。他们用水必须到厕所打，为此不知要把多少时间消耗在"实验室"与厕所的往返上。1963年，当时在中宣部主管科学工作的同志来这里了解情况，鲍文奎赌气地说："我们的工作是在厕所里做出来的。"还真灵，他走后，水管子的问题很快就解决了。

在这种情况下搞科研，心情不可能舒畅。鲍文奎发过火，有时也起点儿小小的作用，但更多的是无济于事，那也只能生闷气。一位有造就的科学家就这样硬憋在一个狭小的角落里，条件限制了他的事业不能以应有的速度发展。他想离开这里，却又没有离开的可能。

然而，鲍文奎从没有颓丧过。为绿色世界增添瑰宝的远大目标激励他奋发向前，逆境中的遭遇促使他发愤向前。

尽管有各种困难，却好在没有拔苗毁地的恶剧重演。鲍文奎的工作在稳步前进着。在到北京后惨淡经营的10年中，他们在反复实践中总结出"桥梁品种"的方法，获得了大量八倍体小黑麦的原种，编号排到4700多。1966年6月，具有各种优良性状的小黑麦种子正准备收获，其综合性状较好的已准备通过农科网在若干地区试种。小黑麦研究已到了向生产应用迈步的转折点。

这时，"文化大革命"开始了。

六、他有自己的战场

6月的北京，气温迅速上升，人们对政治形势表现出不可名状的惶惑心情。在鲍文奎心目中，育种工作还算是"老大"。白天、晚上的时间被运动占去了，他们夫妇俩就想清晨4点钟赶到温室去收获，干上2个小时再回来吃早饭和上班"干革命"。他们怕清晨打搅别人休息，就在头天晚上把用具从办公室搬到温室。岂料被人发现后，被贴大字报诬为"小偷"。在世上过了整整50个春秋的鲍文奎，为了工作拼命，却蒙受如此不白之冤，真可谓别有一番滋味在心头了。

从8月下旬开始，鲍文奎又被打成"反动学术权威"，进了"黑帮队"。

鲍文奎在"黑帮队"里度过了3个年头。不管个人受到什么屈辱，他从未给自己的目标抹过黑，那目标始终保持着葱郁的绿色。有人逼他请罪，他确信自己无罪。他在一份"认罪"材料上写道：如果说我有罪的话，我的罪就是研究多倍体育种。但我研究它，不是为了我个人，而是为了造福于人类。我确信小黑麦有无限的生命力，它终有一天会在祖国大地的四面八方得到应用推广。

这3年中，鲍文奎始终关心着那些可怜的种子，多次向中国农业科学院领导写信，要求他们不要使小黑麦种子变成一堆虫粪。

1969年7月，"黑帮队"解散，鲍文奎可以参加研究工作了。原有研究组已被"革"掉，这时按作物类别分组。严育瑞被分在小麦组继续搞小黑麦，鲍文奎则被分在水稻组。他只能通过"内线"了解和指导小黑麦的研究工作。平时上班搞水稻，星期天"休息"时夫妇偕来小黑麦田头，"观赏"这小小天地的无限风光。这，就是他们迷恋的战场。

七、播种在红军走过的地方

1972年秋，一位风尘仆仆的客人来到作物研究所，严育瑞接待了他，初次见面就谈得很投机。最后，严育瑞把10个品种的小黑麦种子和有关资料送给了客人。

客人来自祖国大西南贵州省威宁彝族回族苗族自治县。这个县地处云贵高原乌蒙山脉高寒山区，自然条件很差。当地粮食作物多是玉米、马铃薯、荞麦、燕麦等，亩产往往只有40—60斤。从1968年起引种黑麦，亩产200斤，在当地已是了不起的"高产"。但黑麦的品质很差，不中吃，群众不愿意种。人们说，若是有黑麦的杆子和小麦的穗子就好了。县委书记禄文斌建议县农科所的同志想办法解决这个问题。后来听说北京有人研究小黑麦，他们就马上派人赴京。

小黑麦种子到了威宁，禄文斌带领技术人员亲自选了两亩试验地播下种，后来他经常来了解情况，帮助解决困难。第二年的收成表明比对照的小麦和黑麦的产量都高，面粉的品质也好。收获前，鲍文奎被请到威宁县，他建议多搞点试验，以便探索在各种不同类型地区发展的可能性，当年布下42个点，试种54亩，结果平均亩产285斤。到1974年秋推广到1000余亩，支援省内外种子3万斤。后来全县栽种面积逐年稳步扩大。

关心人民的疾苦，全心全意地为人民谋利益，是共产党人的宗旨。正当威宁县委书记禄文斌为全县人民奔波忙碌的时候，农林部副部长罗玉川则在考虑着全国更多的"威宁县"。罗玉川在甘肃定西蹲点，眼见这一带农村群众生活的困苦，心里很难受，他急于找到适合改善这一类农村状况的农业措施。1974 年，他来到鲍文奎小组的试验田参观，回到部里就向有关部门提出要抓小黑麦的推广。就这样，第 2 年在北京召开了小型座谈会，酝酿组织全国协作组。1976 年 6 月，全国小黑麦现场会在威宁召开，它是乌蒙山区破天荒的一次盛会。

人们都熟悉"乌蒙磅礴走泥丸""六盘山上高峰"的诗句，但并不一定了解那里的人民与威宁大体相似的生活状况。小黑麦种子沿着红军当年走过的长征路，播撒在乌蒙山、凉山、岷山、六盘山等山区农村，也播在伏牛山、大巴山和阴山以及江西等南方红壤区。这些地方有的曾是共产党领导革命人民长期坚持武装斗争的红色根据地，有的则世世代代居住着许多勤劳勇敢的兄弟民族。小黑麦作为"高产"稳产的作物良种落脚在那些高寒和贫瘠的土地上，使那些地方朝着粮食自给的方向迈进一步，使那里的人民能多吃些细粮，这就实实在在地为人民办了一件好事。

1977 年，"国际玉米小麦改良中心"派出以诺尔曼·布劳格为首的小麦考察组来华参观访问，他们曾了解过鲍文奎小组的工作情况。回到墨西哥后，布劳格在一份书面报告中谈到中国育种工作者不用胚的培养而搞出了 5000 个小黑麦原种一事，考察组的评价是："与其他国家相比，这是巨大的成功。欧洲、北美和墨西哥的育种工作者用胚的培养搞出的小黑麦原种还不到 500 个，不到中国的 10%。"在这数字的后面，我们所能看到的不仅是中国育种工作者的智慧和辛勤，更有坚韧不拔的顽强意志。

培育推广小黑麦所取得的初步成绩,应归功于一个集体的长期努力。(请原谅我们不能在这里评述小黑麦研究组中每个同志的可贵贡献。)但还应看到,鲍文奎在选题、制定和调整技术路线、取得关键性突破和科学预见等方面所表现出来的创造力,往往起着根本性的作用。正因为如此,当人们说到八倍体小黑麦的时候,也就会说到鲍文奎。

他20余年跌打滚爬,20余年心血浇灌,多少次忍辱负重,多少次化险为夷,不顾雨纵风横,只留得果实、情谊、红心、白发。

八、期待

我们介绍的这位朴实的育种科学家,并没有很大名气,他只是用其所学,小有所得。不管他的目标何时能够达到,我们既无意只盯住成果论英雄,也无意给读者硬塑造出一个又红又专的楷模。我们要讴歌的是他为追求一个坚定的目标而表现出来的知难而进、锲而不舍的可贵品格。

科技现代化,不是一"喊"而就的事业,它需要我们从现有的条件出发,坚持不懈地去干,去创造。坐谈宏伟目标,坐等高精尖设备,坐享他人劳动成果,不能使我们的事业向前挪动半步。长期以来,鲍文奎不管受到来自哪个方面的挫折,都没有动摇过自己的目标,没有松过一口气。自然界不负有心人,终于给了他一颗小小的甜果。

良种,只能循着自然界的内在规律应运而生。这不仅需要育种家有一个按照自然规律去改造自然的科学头脑,也需要社会有一套按照科学发展规律去办科学的正确政策。

　　科学研究要花时间,这是很容易明白而又很容易被某些人忘掉的道理。如果没有李森科主义借行政手段的冲击,鲍文奎在1958年获得的117个小黑麦原种就可以在1954年拿到手;如果没有林彪、"四人帮"对科学事业的摧残,1972年的试种就可以提前在1966年进行……先后丢了10年,而人生毕竟没有多少个10年!此外,在日常工作中,如果没有各种人为的困难挡路,工作进展肯定还会更快些。

　　当我们谈"赶超"时,可曾想过以往是怎样丢掉了许多时间的?又可曾想过时间正从我们眼前流过?

　　鲍文奎那富有故事性的阅历,从一个侧面反映了我国科学事业的昨天和今天。我们应当用清醒的头脑去总结昨天,为的是创造灿烂的明天。

(作者:于有彬)

许天禄

中国医学美学教育的先行者

许天禄

(1906—1990)

许天禄是中国著名的医学教育家和神经解剖学家，主要研究方向为组织学、胚胎学、神经解剖学。由于许天禄教授成就非凡，在他诞辰 101 周年时，中山大学专门为其召开了纪念大会，缅怀他的名师风范，并高度评价他对医学美学教育方面的贡献。时任中山医科大学党委书记、我国康复医学奠基人卓大宏教授认为他是杰出的"教学艺术家"，对美的塑造和表达贯穿在他一生的生活、教学与研究中。中国中西医结合研究会创建人、《中国中西医结合杂志》副主编侯灿教授认为他是"通过艺术美体现科学美的典范"。会后相关纪念文章编辑成了一本纪念小册子。在广东省解剖学会出的悼念文章中，也将许天禄的教学贡献总结为："在教学工作中，他出色地以令人难忘的语言艺术风度，图文并茂，深入浅出地对学生谆谆善诱地进行科学的启蒙教育，把许多历来被认为最枯燥无味、难于掌握的医学基础课程变为学生们津津乐道的知识和艺术的综合享受。"

一、许天禄生平与科研工作

1906 年 3 月 18 日，许天禄出生于福建闽侯，小学就读于福州培元书院。他天资聪敏，学习成绩优良，小学毕业后便考入著名的福州英华书院。由于他成绩突出，毕业后免试进入福州协和大学化学系就读。1928 年 6 月，他从福州协和大学毕业，留学任助教至

1929年6月。这段时间，他一边工作一边努力准备协和医学院入学考试。1929年9月，他以优异成绩考入协和医学院。1936年7月毕业，获美国纽约大学医学博士学位，并受聘为协和医学院解剖系助教。由于学医前他已经对生物学产生浓厚兴趣，因此留校后，他独立改进了神经组织解剖技术，动手设计了各种神经通路的图解和制作模型，将枯燥的课堂变得生动活泼，易于掌握，深受学生和同事赞赏。1941年协和医学院停办。许天禄前往上海与许汉光（世界著名小儿科专家，首先将异烟肼应用于预防小儿结核病）结婚。婚后，夫妇俩先后来到江西，在中正医学院工作。1941年9月至1947年4月，许天禄任中正医学院副教授和教授，其间创立解剖科。1947年，由于国民党治下的公立高等院校派系斗争严重，湘雅派在中正医学院占据了上风，许天禄与许汉光来到南京中央大学工作，1947年4月至10月在中央大学医学院任借聘教授一学期。1947年10月，因协和校友李廷安担任岭南大学医学院和博济医院院长，应其邀请，许天禄来到广州，开始在岭南大学医学院任解剖系主任。1948年因李廷安逝世，曾任岭南大学医学院代院长及博济医院代院长6个月。1949年年底，他赴美国米索里亚省圣路易斯城华盛顿大学进修，师从世界著名细胞学家学习了当时最先进的细胞学，并到各大医学院考察，他的经费由美国医药援华会供给。1950年10月，他回国到岭南大学医学院任原职。1952年年底开始，因全国高等院校院系调整，岭南大学医学院、中山大学医学院、广东光华医学院合并为华南医学院，许天禄任解剖科主任。1955年因学习苏联，华南医学院废科建组后成立组织胚胎教研室，许天禄历任教研组主任、教授及中山医学院校务委员会委员。在其担任教研室主任期间，将一穷二白的教研组建设成为全国领先的教研室，并招收了来自全国各地的进修生，将他的教学和科学理念推广到全国。1956年，国家高教部进行全国知识分子的工资职级评定，他被评为二级教授。1960年起，他兼任中山医学院神经系统实验形态研究室主任。他的社会兼职还有中国解剖学会理事，《解剖学报》编委，《广东解剖学通报》名誉主编，广东省解剖学会理事长，第三、四、五届广东省政协委员，全国侨联第三届委员，等等。

20世纪50年代和60年代，许天禄都参加了组织学、胚胎学全国教材的编写工作，1980年他还参加了全国组织学参考书和人体胚胎学的编审工作。20世纪50年代时，他就认为染色体突变完全可以解释米丘林学说。1953年，DNA双螺旋结构发现后，许天禄立刻以极大的热忱为学生和教师进行综述和介绍。1974年12月17日，毛泽东做出"人口非控制不可"的表态，1975年许天禄发表了《男性计划生育的解剖及生理根据》的文章。针对当时几乎所有的节育措施都与女性相关的社会现实，许天禄从男性生殖系统的解剖和生理的基本知识出发，讨论了男性计划生育的方法和发展的可能性，结论认为结扎输精管阻断精子输出是当时最简便、安全可靠的男性计划生育方法，提出进一步研究氯乙醇这一类化学药物是否存在能够有效抑制精子成熟而又不产生毒性的构想。1978年3月18日—31日，全国科学大会在北京召开，会上，邓小平重申了"科学技术是生产力"这一基本的马克思主义观点。在党的领导下，中山医学院的工作重点也转移到科研中来。尽管此时许天禄已经72岁，他依旧抖擞精神，继续进取。1979年，他在《广东解剖通报》上发表《血-脑屏障概念的发展》，系统介绍了血-脑屏障概念的发展，讨论了该概念的形态学根据，指明了物理化学性质，阐述了调节机制，较为全面地论述了血-脑屏障的复杂现象。文章对临床医生认识中枢神经系疾病的发病机制、进行诊断和治疗都有重要意义。1987年，他继续在该杂志上发表文章《血脑屏障研究的新进展》，对之后10年内血-脑屏障研究的进展进行了介绍，讨论了血-脑屏障在生理生化方面的特点，叙述了血-脑屏障在形态学上的研究成果，以及这些成果对于临床医学的意义。1982年和1983年，他接连在《中国神经精神疾病杂志》上发表《脊髓损伤后神经再生问题》和《脊髓损伤后神经再生问题（续）》两篇文章，对哺乳动物的脊髓损伤后神经再生问题作一概述，为实验研究和临床治疗提供了前期参考。1983年，在他的倡导下，广东省解剖学会创办《临床应用解剖学杂志》，向全国发行，这是一本关于解剖学基础研究和临床应用的高水平期刊，由后来的中国工程院院士钟世镇担任主编，后来成为中国临床解剖学最重要的学术园地，被选为《中国核心期刊要目总览》核心期刊和《中国科学引文数据库》来源期刊。1987年，他在《广东解剖学通报》上发表《松果体与视网膜的关系》与《松果体细胞的突起直接与脑连接》两篇文章，总结了世界各地科学家在松果体方面的研究成果，对松果体的解剖和生化特征、神经供应特点以及其生理功能进行了介绍。这些文章都是当时神经解剖学的前沿课题，成为许多研究生必读文献。1990年4月8日，许天禄因病在广州与世长辞。他去世后的第3年，关门弟子李雯依旧将他作为指导老师的研究成果发表在《广东解剖学通报》上,《神经肽 Y 样免疫反应神经元在蟾蜍视网膜的定位与分布》一文使用了当时最新的免疫组织化学方法,研究了神经肽 Y 样免疫反应神经元在黑眶蟾蜍视网膜的定位、细胞分型以及它们在视网膜的分布、密度和树突野形态,为进一步了解神经肽 Y 在视网膜中的功能提供重要的形态学基础。

二、许天禄美学理趣的形成过程

福建闽侯地处福建沿海,是著名侨乡,这里的人们具有海洋文化开放、包容、创新、进取等特点。许天禄的姑母常常对幼年的许天禄提起民主、自由、平等的处世价值观。许天禄的父亲也常常给儿女们说起中国的老一辈给病人治病的故事。父亲和姑母的教育给许天禄兄弟留下了深刻印象,服务、牺牲、奉献的高尚品德也给许天禄兄弟播下最初的美的种子。

13 岁时,许天禄于福州英华书院读中学,书院里有很多美国教师用英语授课。这些美国教师与学生的关系非常亲密,一年有好几次在家里开办晚会。他们把孩子们叫到家中,读故事,听音乐,预备好精致的招待茶点,领着孩子们玩游戏。青少年时期,是一个人世界观形成的时期。潜移默化的美育,培养了许天禄高雅的情趣和高贵的精神,他开始领略美、习得美、欣赏美。

此时的许天禄也显示出他的艺术天赋,他酷爱书法,喜欢绘画,不论画花鸟、静物、动物或风景、山水人物等均栩栩如生,得到同学和教师的好评。此外,他对生物科学有着浓厚的兴趣,他特别喜欢自行解剖观察动物的内脏结构，探索和观察多种小动物形体结构的自然之美。解剖之后，他还参考一些书画出动物内脏结构，这些画作像达·芬奇的画作一样准确优美，得到动物学教师的赞扬。由于学习成绩优良，中学毕业后许天禄免试进入福建协和大学化学系，之后又担任助教。

在那里，他和一批化学及生物教授结为好友。他们经常给许天禄讲科学家的故事，以伟大科学家的历史和成就来鼓舞年轻人。在许天禄心目中，这些化学和生物学教授是一群非常有派头的科学家，不讲宗教、只讲科学，全部时间都在实验室工作。他还从此知道了科学无国界，科学超越政治。许天禄自述，从此时开始，他"做起了科学家的迷梦，崇拜科学，崇拜科学家"。

在福建协和大学这一年，除读书外，许天禄还喜欢运动、唱歌，看科学家的历史和名人传记。科学家们为科学、为真理而艰苦奋斗，最终取得杰出成就的故事，给许天禄树立了良好的榜样。对年轻人来说，偶像的影响是巨大的。科学家们得到社会的广泛认可，获得崇高的荣誉，并受到后人称颂的光辉结局，让许天禄产生了强烈的向往，他特别希望自己能够成为一名科学家。

在他的自传中，他用诗一般的语言写道："我晚上眺望着天星，想做天文学家；仰望着高山的松树，俯瞰着山脚的动植物，想做达尔文；一个人在化学室的时候，我想做路易·巴士德；躺在树下乘凉的时候，我想做第二个牛顿；我一脑子里充满了做科学家的迷梦，我也想做一个博学者"，"对政治一点不感兴趣"。

1929年后，许天禄到了中国医学科学最高学府北京协和医学院读书。当时的协和医学院实行精英教育。教师不参与也不希望学生参与到当时的政治活动中。他们要求学生为研究而研究，走纯技术主义道路。在这种氛围下，许天禄每天都把自己关在实验室里用功，12年间都没有参加过一次运动。他觉得协和医学院的一切令他非常舒适，在协和医学院，人人都像学者，埋头苦干，协和医学院的设备、图书馆还有学风，都令他极为欣赏。环境氛围塑造了许天禄对世界美的认知，也影响了他的行为，许天禄逐渐从知道美转变成创造美。

三、许天禄的医学美育成就

许天禄最重要、最突出的学术成就体现在培养学生上，他教学思想鲜明，是中山医学院校务委员会委员。在1960年新会举行的教学大纲会议上，许天禄提出教学大纲应该是"培养学生的蓝图"，获得所有与会人员的认同，为中山医学院实行"三基三严"的教学模式创立了丰碑。

1. 语言之美

受家庭的熏陶，许天禄和弟弟许天福都拥有高超的语言艺术。许天福是我国英语语音的奠基人，他的英语语音曾被后辈描述下来："尤其是一听录音磁带，便被许先生极具磁性的优美英语语音语调折服了——那雍容、大气、浑厚、极具穿透力的语音，高低抑扬、从容自如的语调，听起来真是一种享受。"他的著作《现代英语语音学》也被评价为所有目前出版的英语语音书籍中最细腻的经典教材之一。

一母同胞的许天禄，他的语言表达艺术在中山医学院同时期的所有教师当中最为突出。他的学生卓大宏曾回忆说："许教授发言积极主动，能言善辩……语言铿锵有力，抑扬顿挫，陈述有条理，有逻辑，整个讲话显现出一种语言之美。……无论在普通的谈话中，还是正式的讲话和教学场合，许教授在人际沟通中始终保持他那种雅致的、清晰的、从容不迫而又有感染力的语言之美。"

2. 仪表之美

为人师表，必须讲究仪表之美。许天禄就是这方面的典范，他是中山医学院穿衣服最好看的教授之一。他一生所处的时代，恰是我国经济不发达、物质极为短缺的时代，但无论是出席正式场合的西服，还是普通的便服，他都穿着得体，看上去朴素高雅，丝毫不觉卖弄，给人赏心悦目之感。深受西方现代教育和文化熏陶的许天禄，在自觉和不自觉之间，表现出他对美的深刻理解。

许天禄对仪表的讲究还体现在他对中山医学院教学环境尽善尽美的追求上。中山医学院最早的解剖大楼为他所设计，建筑风格庄重大方，造型对称，典雅统一，建筑的美感基于他对理想情景的考虑，追求建筑的诗意、诗境，力求在气质上给人强烈的感染力。大楼前庭院的花草设计也是中山医学院之冠，他常常独自一人或带领教研室教师利用课余时间修剪草坪，在对庭院的美化当中对学生进行美的教育。

3. 教学之美

教学是许天禄美学的巅峰，他对美的所有理解在他的教学活动当中得到完整体现。就个人技能而言，他双手可以同时在黑板上进行板书，一手画出形态结构图，一手标出结构名称，图画与书法都堪比印刷，而且层次分明、结构清晰，从简单到复杂，吸引学生集中注意力紧跟讲授的思路，从而激发他们对医学的美的认识，开始对医学的喜爱。这为当时中山医学院最著名的风景之一。这就是他独到的"动态层次绘图教学法"：主要方式是用五色粉笔一边画，一边写，一边讲，随着各组织出现在不同发育阶段的不同层次，不断变换色笔，绘出颜色、深浅、层次、形状各不相同的线条和形象，同时讲述这个发育过程的动态演变。当过程讲述完毕时，黑板上已经出现一幅完整的、有层次感、有立体感、有动态感的教学示意图。颜色、线条、层次、形状在许天禄手中既是美的元素，也是理的元素，再加上许天禄同步讲授中的语言之美，还有精心制作的挂图、模型等配合，在电脑多媒体等教学手段开始之前，可以说是结合了艺术妙笔、构图创意、讲授口才的近乎完美的课堂讲授法。很多教师从他的教学中，学习到通过讲课艺术激发学生对医学专科美感的教学方法。

中山大学孙逸仙纪念医院原副院长邝健全回忆说："我印象最深的是教解剖的许天禄教授。他一走进来，我们大家立刻鸦雀无声。他的头发一丝不苟，穿了一套白西装，打着领结。他一边说着纯正流利的英语，一边左右开弓两手同时在黑板上板书，一只手画图，一只手写字。图和字比书上印刷的还要精美和端正，这门绝活把我们都惊呆了，我们都觉得自己身处知识的殿堂，享受着一场艺术的盛宴，同时也觉得自己领略到这门高雅的学问，也成为高雅的人了，一定要认真对待学习，不能马虎……"

4. 师生情谊之美

由于教学出色、认真负责，又没有教授架子，许天禄在学生当中有着崇高的威信。他和许汉光没有儿女，很喜欢客人，每周六都邀请学生到家里来。许天禄生活不落俗套，平时不抽烟、不饮酒、不打麻将，业余爱好是弹琴、画油画和唱歌。他的钢琴和锯琴都演奏得非常不错，周六学生们便在他家中练习唱歌。他和许汉光还主持了学生的周日演讲，演讲题目主要是《青年的修养》《做人的艺术》等，极受学生欢迎。有一次在福建长汀的讲学中，他教导学生做人需要为别人寻找幸福，赢得满堂喝彩。

1947年，他和许汉光离开江西中正医学院去南京中央大学医学院教书时，学生们多次挽留，依依不舍。

许天禄待人诚恳，乐于助人，为人正直，且能仗义执言，在院务会议上，如决议有对学生不利的，他肯为学生说话。1947年，中正医学院二年级学生因反对一个不负责任的化学教员而罢课，当时院方想开除几个进步学生及班代表，他在会上替学生讲话，结果这几个学生未被开除。

四、许天禄的教学特点

许天禄教学上的一些特点打上了强烈的个人烙印，后人很难复制，但是他对教具设计的重视，深刻影响了中山医学院的教学习惯。20世纪50年代初，中山医学院的教学设备一片空白。上课没有挂图，缺乏模型。针对这一情况，许天禄把教具的建设放在教学第一位。他根据教学的难点和学生不易懂的内容，创造性地建立胚胎学、组织学的模型及挂图。从无到有，从少到多，为组织胚胎学和神经解剖学的形象教学打下了重要的基础。这些教具都是他自己精心设计、指导教师制作模型的蓝样后，再交由模型厂生产。模型形态逼真、设计精巧、工艺精湛，体现了科学与艺术的统一，很好地提高了学生对复杂形态结构的理解力，很多挂图与模型深受师生欢迎，沿用至今。

许天禄的组织学特别是神经组织切片制作技术，在国内外首屈一指。他一辈子潜心钻研神经组织和细胞的切片染色技术，亲自动手取材、包埋、切片和染色，还不厌其烦地手把手教技术员、进修生和教师们掌握这些技术，各个环节要求也非常严格。例如磨刀，他要求学生把一根头发丝放在刀刃上，用嘴一吹这发丝自然断开为止，配制硝酸银的玻璃瓶子要经过无数次的洗刷、烘烤，然后在灯光下照看，如果有一点水印，都要重新做。他做出的切片标本，国内外无与伦比。

许天禄非常重视教师讲课质量，强调要把最佳科学成就用最有启发的方式影响下一代。组胚教研室举办最多的会议是主讲教师的试讲，在试讲过程中，他进行极为细致的指导：如何深入浅出？如何把结构与功能相结合？如何绘制黑板图？如何插入一些学科的新进展？归纳起来主要有以下几点：1. 讲述某个结构时，尽可能做到肉眼观—低倍镜下—高倍镜下—电镜。这样便会解决局部与整体的关系，学生可以获得完整的结构概念。2. 组织或器官在切面下的形态结构与其立体的形态相联系。3. 组织或器官的形态结构与功能紧密结合。4. 对复杂的结构坚持从简到繁。5. 重点突出。6. 深入浅出。

7. 相似的器官，要用比较方法讲解。8. 启发性教学：主要方法是讲课开始，首先提出问题，引起同学思维活跃或兴趣后才继续讲述；或是讲两个典型的结构，以此引导学生自学其余类似的结构，达到举一反三的作用；或是针对教学内容，指导学生了解内容的思路，通过什么线索来进行自学。最后在课后设计问题，提出问题，引导学生深入思考，或者指出参考书的具体页数，提出某些问题未来的发展方向，引导学生去探索。

在许天禄的指导下，组胚教研室的教师人人都有一本自己的教学提纲和讲稿，还有积累多年的精美而立体的图像笔记，互相观摩、互相交流、互相借鉴。全部教师都以教学为重中之重，互相学习、互争上游，蔚然成风。其中，徐静在1962年被选为全国文教战线群英会代表，并在1977年后先后担任中央办公厅毛主席纪念堂管理局副局长、局长、副研究员、研究员，第八届全国人大常委会委员、全国人大教育科学文化卫生委员会委员。1964年，卫生部请协和医学院选定一套病理学显微标本来测验4家重点医学院的病理课程中的学生，中山医学院荣获第一。

五、结语

中国医学美学的建立与形成，最早要追溯到20世纪80年代。1988年，邱琳枝和彭庆星出版《医学美学》一书，正式确立"医学美学"这一概念。1990年11月15日，中华医学会成立"医学美学与美容学会"，建立了"医学美学"的学术共同体，标志着医学美学这一学科整体形成。但早从20世纪40年代开始，许天禄已经留意到医学美学的存在这一客观事实，有意识地将医学美学教育融入医学教育当中，在实验操作美、授课效果美、学习环境美、诊疗行为美等方面，进行了开创性的具体探索，并且形成了系统的教学思想，贯穿了医学教育全过程。在他的启蒙和引领之下，中山大学中山医学院的医学美学教育从一开始就站到了极高的位置，开创了一个极好的局面，并且随着其学生的成长，继承和发扬至华南地区各医学院校，成为今天医学人文教育的重要基础课程之一。

医学美学教育不是在医学教育中进行美术教育，培训学生艺术技法，而是培养学生感受医学及其人文方面内容的能力，使其在医学实践活动中发现美、观察美、创造美，把握、创造和运用生物医学和人文医学的客观规律，以达到提高医术、提高道德自觉的目的。许天禄是华南地区医学人文教育工作者们公认的医学美学教育先行者。怎样培养医生的审美，使他们在疾病治疗中贯彻对美的追求，许天禄的教学方法对我国培养医学人才、提高广大医学劳动者的综合文化素质，具有一定的价值和意义。

（作者：朱素颖）

参考资料

陈建功　中国现代数学的先驱

[1] A. N. 怀特海. 科学与近代世界[M]. 何钦,译. 北京:商务印书馆,1959.

[2]《陈建功文集》编辑小组. 陈建功文集[M]. 北京:科学出版社,1981.

[3] M. 克莱因. 古今数学思想(第三册)[M]. 北京大学数学系数学史翻译组,译. 上海:上海科学技术出版社,1980.

陈省身　当代世界大几何学家

[1] 张洪光. 二十世纪伟大的几何学家陈省身[J]. 中国科技史料,1994 (4):41–54.

[2] 李醒民. 科学巨星——世界著名科学家评传丛书[M]. 西安:陕西人民教育出版社,1995.

[3] 陈省身. 科学与宗教[J]. 扶轮,1926 (9):31–33.

[4] 陈省身. 艾列·嘉当(1869—1951)[J]. 陆柱家,译. 数学译林,1994 (3):229–230.

[5] 陈省身. 数学陶冶我一生[J]. 张洪光,译. 数学译林,1993 (2):122–128.

[6] 张洪光. 陈省身数学业绩与数学思想初探[J]. 赣南师范学院学报,1996 (3):1–6.

[7] Daniel Henry Gottlieb. 漫谈Gauss-Bonnet定理的历史发展[J]. 数学译林,1997 (1):75–85.

[8] 陈省身. Finsler几何就是没有二次型限制的Riemann几何[J]. 林毅,译. 数学译林,1997 (1):33–39.

[9] 陈省身. 中国的数学[J]. 数学进展,1996(5):385-388.

周炜良　一位极富创见且涉猎广泛的数学家

[1] 胡炳生. 周达的家世和业绩述略[J]. 中国科技史料,1994(1):22-28.

[2] 张奠宙,周炜良. 中国现代科学家传记(第四集)[M]. 北京:科学出版社,1993.

[3] WEI-LIANG CHOW. On the defining field of a divisor in an algebraic variety[J]. Math,1950(6):797-799.

[4] WEI-LIANG CHOW. Algebraic systems of positive cycles in an algebraic variety[J]. Math, 1950(2):247-283.

[5] WEI-LIANG CHOW. On picard varieties[J]. Math,1952(4):895-909.

[6] WEI-LIANG CHOW. On the principle of degeneration in algebraic geometry[J]. Math,1957,66:70-79.

[7] WEI-LIANG CHOW. On the connectedness theorem in algebraic geometry[J]. Math, 1959(4):1033-1074.

[8] WEI-LIANG CHOW. On equivalence classes of cycles in an algebraic variety[J]. Math, 1956(3):450-479.

[9] WEI-LIANG CHOW. Abelian varieties over function fields[J]. Math. Soc.,1955,78:253-275.

[10] WEI-LIANG CHOW. On compact complex analytic varieties[J]. Math,1949(4):893-914.

吴文俊　从拓扑学到数学机械化的数学界泰斗

[1]《科学家传记大辞典》编辑组. 中国现代科学家传记(第二集)[M]. 北京:科学出版社,1991.

[2] 程民德.中国现代数学家传(第一卷)[M].南京:江苏教育出版社,1994.

[3] 解恩泽,徐本顺.世界数学家思想方法[M].济南:山东教育出版社,1994.

[4] 卢嘉锡.中国当代科技精华 数学与信息科学卷[M].哈尔滨:黑龙江教育出版社,1994.

[5] 中国科学技术协会.中国科学技术专家传略 理学编 数学卷1[M].石家庄:河北教育出版社,1996.

[6] 林东岱,李文林,虞言林.数学与数学机械化[M].济南:山东教育出版社,2001.

[7] 高小山.数学机械化进展综述[J].数学进展,2001 (5):385-404.

谈家桢　充满智者魅力的遗传学界楷模

[1] 谈家桢.批判我对米丘林生物科学的错误看法[J].生物学通报,1952 (2):63-65.

[2] 伊凡钦科.生物学引论[M].谈家桢,刘祖洞,项维等,译.北京:高等教育出版社,1955.

[3] T.杜布赞斯基.遗传学与物种起源[M].谈家桢,韩安,蔡以欣,译.北京:科学出版社,1964.

[4] 谈家桢等.基因与遗传[M].北京:科学普及出版社,1963.

[5] 谈家桢.谈谈摩尔根学派遗传学说[M].上海:上海科学技术出版社,1961.

[6] 谈家桢,中国农学会.现代农业科学讲座 基因工程[M].北京:农业出版社,1979.

[7] 谈家桢,赵功民.中国现代生物学家传(第一卷)[M].长沙:湖南科学技术出版社,1985.

[8] 谈家桢.有关辐射遗传学的若干问题[G]//麦智广,徐科,张友端,等.放射生物学及放射医学文献报告汇编.上海:上海科学技术出版社,1960.

张香桐 严谨求实的神经生理学家

[1] CHANG,HSIANG. An auditory reflex of the hedgehog[J]. Physiol,1936,10:119-124.

[2] 张香桐.脑研究的崎岖道路[M].北京:科学技术文献出版社,1995.

[3] CHANG,HSIANG-TUNG. Cortical response to geniculate stimulationand the potentiation thereof by continuous illumination of retina[J]. Neurophysiol,1952.

[4] 罗弗荪,袁钧苏,杨善璐,等.不同频率电刺激猫中央中核对丘脑束旁核痛放电的抑制效应[J].生理学报,1985（1）:1-9.

鲍文奎 为绿色目标百折不挠的作物遗传育种学家

[1] 龚育之.列宁、斯大林论科学技术工作[M].北京:中国科学院,1954.

许天禄 中国医学美学教育的先行者

[1] 中山大学中山医学院组织胚胎学教研室.一代宗师,孜孜育人——许天禄教授诞辰101周年纪念活动[J].解剖学研究,2008（1）:80.

[2] 中山医科大学组织胚胎教研室.悼念许天禄教授[J].广东解剖学通报,1990（1）:2.

[3] 顾华.璀璨夺目的医学界双星——许天禄和许汉光夫妇[J].岭南文史,1998（2）:86-87.

[4] 许天禄.男性计划生育的解剖及生理根据[J].广东医药资料,1975（6）:22-26,30.

[5] 许天禄.血-脑屏障概念的发展[J].广东解剖通报,1979（1）:1-12,86-92,96.

[6] 许天禄.血脑屏障研究的新进展[J].广东解剖学通报,1987（2）:1-6.

［7］许天禄.脊髓损伤后神经再生问题［J］.中国神经精神疾病杂志,1982（6）：366-372.

［8］许天禄.脊髓损伤后神经再生问题（续）［J］.中国神经精神疾病杂志,1983（6）：366-372.

［9］许天禄.松果体与视网膜的关系［J］.广东解剖学通报,1987（1）：1-3.

［10］李雯,李海标,许天禄.神经肽Y样免疫反应神经元在蟾蜍视网膜的定位与分布［J］.广东解剖学通报,1993（1）：51-55.

［11］朱素颖.一半是诗人,一半是匠人——许天禄［J］.中国医学人文,2017（9）：18-19.

［12］徐静.纪念许天禄教授百年诞辰［J］.神经解剖学杂志,2007（4）：449-450.

［13］邱琳枝,彭庆星.医学美学［M］.天津：天津科学技术出版社,1988.

人名对照表

（按外文姓氏的首字母排序）

A

阿贝尔——Niels Henrik Abel

阿布罕克——Shreeram Shankar Abhyankar

亚历山德罗夫——P. Alexandloff

艾伦多弗——Carl Barnett Allendoerfer

阿廷——Emil Artin

阿蒂亚——Michael Francis Atiyah

B

比贝尔巴赫——Ludwig Bieberbach

勃拉希克
　　　——Wilhelm Johann Eugen Blaschke

博雷尔——Armand Borel

布尔巴基——Nicolas Bourbaki

布劳威尔——Luitzen Egbertus Jan Brouwer

C

康托尔——Georg Cantor

卡拉西奥多里——Constantin Carathéodory

E. 嘉当——Élie Joseph Cartan

凯莱——Arthur Cayley

D

狄德金
　　　——Julius Wilhelm Richard Dedekind

德尔布吕克
　　　——Max Ludwig Henning Delbrück

多尔德——Albrecht Dold

德沃克——Dwork

E

C. 埃雷斯曼——Charles Ehresmann

欧拉——Leonhard Euler

F

芬斯勒——Paul Finsler

傅立叶——Jean Baptiste Joseph Fourier

约翰·富尔顿——John Farquhar Fulton

G

盖尔芬德——Israïl Moiseevich Gelfand

格里菲思——Phillip Augustus Griffiths

格罗滕迪克——Alexander Grothendieck

H

阿达马——Jacques Solomon Hadamard

黑夫利格尔——André Haefliger

哈代——Godfrey Harold Hardy

赫克——E. Hecke

希尔伯特——David Hilbert

霍普夫——Heinz Hopf

I

井草准一——Jun-Ichi Igusa

K

卡勒——Erich Kähler

小平邦彦——Kunihiko Kodaira

科施米德尔——Koschmieder

L

莱恩——E. P. Lane

勒贝格——Henri Léon Lebesgue

刘维尔——Joseph Liouville

利特尔伍德——John Edensor Littlewood

M

麦克林托克——Barbara McClintock

米尔诺——John Willard Milnor

蒙特尔——P. A. Montel

摩尔根——Thomas Hunt Morgan

摩根斯坦——Oskar Morgenstern

N

纳什——John Forbes Nash Jr.

内龙——André Néron

尼伦伯格——Louis Nirenberg

A. E. 诺特——Amalie Emmy Noether

O

奥塞曼——Robert Osserman

P

帕莱——R. Paley

菲利蓬——P. Philippon

皮卡尔——Charles Emile Picard

普吕克——Julius Plücker

庞加莱——Jules Henri Poincaré

V

维布伦——Oswald Veblen

R

黎曼——Georg Friedrich Bernhard Riemann

W

范德瓦尔登——Bartel Leendert van der Waerden

沃什尼策——Gerard Washnitzer

魏尔斯特拉斯——Karl Weierstrass

S

桑普森——Sampson

韦尔——Weil

舍恩夫利斯——A. M. Schönflies

温斯坦——Alan David Weinstein

塞格雷——Segre

外尔——Hermann Klaus Hugo Weyl

塞尔——Jean-Pierre Serre

怀特海——John Henry Constantine Whitehead

辛格——Isadore Manual Singer

斯梅尔——Stephen Smale

惠特尼——Hassler Whitney

斯帕尼尔——Edwin Henry Spanier

维尔辛斯基——Ernest Julius Wilczynski

施蒂费尔——Eduard Ludwig Stiefel

E. B. 威尔逊——Edmund Beecher Wilson

斯通——Marshall Harvey Stone

韦廷哥尔——Wilhelm Wirtinger

T

汤姆——René Thom

Y

扬——William Henry Young

U

于伦贝克——Karen Keskulla Uhlenbeck

Z

扎里斯基——Oscar Zariski